中国—中东欧国家林业合作：回顾与展望

雷静品　傅一敏 著

图书在版编目（CIP）数据

中国—中东欧国家林业合作回顾与展望 / 雷静品，傅一敏著 . -- 北京 : 中国林业出版社，2024.12
ISBN 978-7-5219-2457-2

Ⅰ . ①中… Ⅱ . ①雷… ②傅… Ⅲ . ①林业经济－经济合作－研究－中国、中欧、东欧 Ⅳ . ① F356.2
② F326.2

中国国家版本馆 CIP 数据核字 (2023) 第 232004 号

中国—中东欧国家林业合作回顾与展望

著　　者　雷静品　傅一敏
参与写作　马致远　李　田　陈凯莉
　　　　　余　慧　何林轩　林金鹏

策划编辑：孙　瑶
责任编辑：袁　理

出版发行：中国林业出版社
（100009，北京市西城区刘海胡同7号，电话（010-83143629）
电子邮箱：cfphzbs@163.com
网址：https://www.cfph. net
印刷：北京中科印刷有限公司
版次：2024年12月第1版
印次：2024年12月第1次
开本：787mm×1092mm　1/16
印张：8.5
字数：131千字
定价：68.00元

前言

当今世界正经历新一轮大发展、大变革、大调整，大国战略博弈全面加剧，国际体系和国际秩序深度调整，人类文明发展面临的机遇和挑战层出不穷，不确定、不稳定因素明显增多，人类社会必须加强团结合作，坚持互学互鉴、开放包容、合作共赢，践行真正的多边主义，完善全球治理，共创美好未来。中国是世界第二大经济体、全球最大的发展中国家，中东欧国家大多属于新兴经济体、欧洲发展潜在增长地区。中国与中东欧国家有着深厚历史联系、互补发展优势、强劲合作需求、共同振兴愿望，是彼此的天然合作伙伴。在中欧合作框架下，中国与中东欧国家于2011年启动了经贸领域的正式对话，经过一年酝酿，于2012年正式启动中国—中东欧国家合作机制。随后，中国—中东欧国家合作进入到黄金发展期，双方合作推进的深度、广度和影响力持续提升。2013年，习近平主席提出“一带一路”倡议，旨在积极发展与沿线国家的经济合作伙伴关系，共同打造政治互信、经济融合、文化包容的利益共同体、责任共同体和命运共同体。中国—中东欧国家合作机制成员全部被纳入“一带一路”倡议沿线国家行列，中东欧国家得以充分发挥地缘优势，成为推动共建“一带一路”向西延展的重要区域支点。“一带一路”倡议提出的各项举措持续为中国—中东欧国家合作赋能，中国与中东欧国家的务实合作又反过来助力了“一带一路”建设，形成了良性互动，激发了双方合作潜力。2016年，习近平总书记和中东欧国家领导人开展了频繁密集的互访，有力提升了双边战略合作水平，中国—中东欧国家合作取得长足发展。当前，中国与中东欧国家都处于经济发展的关键阶段，继续深化双方合作，优势互补，不仅有利于中国与中东欧国家实现互利共赢、共同发展，而且对加快欧洲一体化进程，推动中国—欧盟关系向更深层次发展具有重要意义。

在林业合作领域，2016年5月24日第一次中国—中东欧国家林业合作高级别会议在斯洛文尼亚首都卢布尔雅那召开。与会各国代表讨论并通过了《中国—中东欧国家林业合作协调机制行动计划》，正式启动林业合作协调机制。事实上，中国—中东欧国家合作机制创立伊始，林业合作就得到了各成员国的重视。各方提出要将保护森林、湿地和野生动植物、发展绿色经济和生态文化方面的合作与交流作为中国与中东欧国家合作的重要领域之一。中国的林业管理体制涵盖了对森林、湿地、荒漠三大生态系统和野生动植物及其生境构成的生物多样性的管理，林业合作承担着维护生态平衡、保护生物多样性以及提供生态服务等重要使命，扮演着推动可持续发展、生态保护和人类社会进步的重要角色。在气候变化形势日益严峻的当下，更加需要全球各国共同努力，加强林业合作，以推动可持续发展为目标，助力全球治理体系变革和人类命运共同体的构建。中国与中东欧国家开展林业合作，不仅是跨地区“绿色合作”的有益尝试，更是共建绿色“一带一路”的重要支柱和特色内容，在促进双方共同发展中发挥着不可替代的作用。

回望来路，中国—中东欧国家林业合作成果丰硕。自2015年中国—中东欧国家林业合作协调机制设立以来，双方合作机制与平台日趋完善，各国林草部门高级别互访频繁、交流密切。与此同步，双方林产品贸易额、投资额稳步增长，科研教育交流与合作日益密切，地方政府和民间交流更加活跃，林业合作成为中国—中东欧国家合作的“绿色引擎”。展望未来，中国—中东欧国家林业合作不仅在传统的木材贸易与加工方面互补优势明显，而且在森林资源保护修复、生态产品价值实现形式、生物质能源、智慧林业等领域合作前景广阔，潜力巨大。未来将继续充分发挥中国超大市场规模潜力和中东欧地区的区位优势，重点拓展绿色、低碳、数字、健康等新领域新业态的合作，进一步促进中国和中东欧国家林业可持续发展。

为更好地服务中国—中东欧国家之间的林业合作，本书分为三篇九个章节，试图先对中国—中东欧国家林业的基本情况、合作的重要领域和进展等做一个全景式的梳理，其次，本书以专题形式有重点地展示中国与中东欧国家林业合作的亮点与成果，以期更为清晰地向读者呈现中国—中东欧国家林业合作的基础和成效。最后，本书分析了新形势下深化中国—中东欧国家林业合作面临的挑战与机遇,并探讨未来中国—中东欧国家开展林业合作的方向和实现路径。全书是在雷静品研究员和傅一敏副教授的指导下，由中国林业科学院林业研究所和福建农林大学林业经济研究所组成的“中国—中东欧国家林草合作研究”团队共同合作完成。围绕中国—中东欧国家林业合作的研究，本团队先后主持“中国—中东欧林业合作联合研究中心平台构建（项目编号：CAFYBB2018GD001）”“中国—中东欧国家林草合作重点领域及合作路径项目研究（项目编号：KT202206）”，这些项目的开展为本书奠定了坚实的基础。同时，本专著的出版得到了国家重点研发计划“多种生态系统服务与生物多样性协同提升的综合森林管理研究（项目编号：2023YFE0112804）”、福建农林大学杰出青年科研人才计划项目“自然资源治理模式与可持续发展目标的关联机制研究（项目编号：KXJQ20C05）”和福建农林大学科技创新项目“历史制度视角下中国森林治理模式与可持续发展目标的关联机制研究（项目编号：KFb22108XA）”的大力支持。希望本书能够为各界人士提供有益的信息参考，推动中国与中东欧国家在林业领域的合作迈上新的台阶，也为中国—中东欧国家合作增加一些重要参考。

我要衷心感谢外交部欧洲司中国—中东欧国家合作秘书处、国家林业和草原局国际合作司对项目研究工作的指导和支持，感谢所有参与本书写作的合作伙伴，他们是中国林业科学研究院的马致远、李田、何林轩，福建农林大学林业经济研究所的林金鹏、余慧、陈凯莉。此外，还要特别感谢中国林业出版社的编辑老师孙瑶和袁理女士，正是因为你们的共同努力，才使得这本书得以顺利呈现在读者面前。愿我们的合作之树，在风雨中茁壮成长，为地球的绿色未来贡献更多的生机与希望。

当今世界正处于大发展、大变革、大调整时期，世界面临的不稳定性与不确定性突出，人类面临许多共同挑战，求和平、谋发展、促合作已成为不可阻挡的时代潮流。在中国—中东欧国家林业合作协调机制启动运行的第10个年头，让我们借习近平总书记在《生物多样性公约》第十五次缔约方大会领导人峰会的发言共勉："人不负青山，青山定不负人。生态文明是人类文明发展的历史趋势。让我们携起手来，秉持生态文明理念，站在为子孙后代负责的高度，共同构建地球生命共同体，共同建设清洁美丽的世界！"

鉴于作者水平有限，错误和疏漏之处在所难免，请广大读者指正！

雷静品　傅一敏

2024年10月

目录

第一篇
中国—中东欧国家林业合作概况

本篇借助丰富的资料和翔实的数据对中国与中东欧国家林业合作进行一个全景“扫描式”的梳理，篇章结构依据“合作背景—合作对象—合作框架—合作成果及近况”的逻辑思路展开。第一章阐述了中国—中东欧国家林业合作的时代背景与战略意义，对双方合作的定位和价值做规范性判断。第二章延续此前出版《中东欧国家林业概况》的资料属性特点，对中东欧国家的森林资源及经营管理的情况进行数据和动态的持续更新，为后续开展研究铺垫基础。第三章梳理了中国—中东欧国家林业合作的框架机制及合作平台运行情况，展示这一新型国际关系合作的特点及生命力；第四章则总结了近十年来中国—中东欧国家林业合作取得的成就，并介绍双方合作的最新进展。

第一章
中国—中东欧国家林业合作协调机制的提出

中国—中东欧国家合作自2012年宣告成立起，林业就在多层次、宽领域的合作框架中占据了一席之地，双方在森林资源与野生动植物保护等方面的合作形成了初步共识。2015年，中国—中东欧国家林业合作协调机制正式确立，并确定由斯洛文尼亚负责中国与中东欧国家林业合作协调机制，扩大并加强双方在林业领域的合作，为可持续管理森林的目标做出共同努力。中国与中东欧国家林业合作主要从以下3个层面实施：①落实多功能可持续森林经营政策和绿色循环经济合作。②在森林可持续经营、绿色实践、科技以及教育等方面共同开展科学研究和试点项目。③公共和私营单位的所有利益相关者密切合作，创造和增加商业投资机会。本章分析了中国—中东欧国家林业合作的时代背景，阐释双方合作的战略意义，并初步总结双方林业合作的现实进展。

第一节 中国—中东欧国家林业合作的战略定位

（一）林业合作是共同应对气候变化的实际行动

气候变化的影响是超越国界的。第21届气候变化大会形成的《巴黎协定》提出：各国要加大力度、加强应对气候变化的国际合作，实现全球应对气候变化的长期目标。林业在应对气候变化中的独特作用得到一致同意和广泛认可，森林将是减缓全球气候变暖的重要手段。中国作为负责任的大国和发展中国家的代表之一，加强中国与周边及其他地区的林业合作是我国积极响应全球气候变化治理的体现。中国与西欧国家在应对气候变化上的政策对话和务实合作由来已久，双方共同为推动国际气候变化合作做出了巨大贡献，但中国与中东欧国家在这方面的合作处于起步阶段，还有很大的发展空间。中国与中东欧国家的林业合作以森林可持续经营作为共同目标，森林保护与恢复作为重要手段，加大林产品自由贸易、打击非法木材采伐等领域的深度合作是亚欧联合应对全球气候变化的实际行动。

（二）林业合作是深化全面战略伙伴关系的体现

中国—中东欧国家林业合作协调机制是中国—欧盟全面战略伙伴关系全方位、宽领域、多层次发展的重要体现。当前的中国—中东欧国家合作并不替代现有双边合作机制或平台，而是两者相互补充、相互促进，加速提升中国同各国关系水平和规模。中国—中东欧国家合作将与欧盟重大倡议和规划对接，有效促进中国—欧盟和平、增长、改革、文明四大伙伴关系。中国—中东欧国家合作协调机制建立以来，经过不断磨合，中东欧国家从观望、犹豫、猜测变成合作机制的坚定支持者。与此同时，随着合作领域的日益深化，也吸引了其他欧洲国家的关注。在合作机制启动初期，欧盟曾表现出对该机制的疑虑。因此，要将中国—中东欧国家林业合作切实纳入中国—欧盟全面战略伙伴关系的框架内，加强沟通，支持中东欧以外的其他欧洲国家和组织参与中国—中东欧国家合作机制下开展的双多边会议，消除欧盟、德国等中国重要战略合作伙伴的疑虑，营造互补而非竞争的良好地区氛围，推动中国—欧盟合作更全面、更均衡地发展，为全球经济发展繁荣注入新的活力与生机。

（三）林业合作是中国—中东欧国家合作新的增长空间

中国—中东欧国家合作机制启动以来，在全球经济低迷、贸易不景气的大背景下，中国—中东欧国家务实合作仍保持良好势头，双方在经济贸易、金融投资、基础设施建设、农业发展、文化交流等领域的合作均取得丰硕成果，为中国—中东欧国家深入合作奠定了基础。在林业国际合作层面，目前国家林业和草原局与国外共签署了15个双边政府间协议，80个双边部门间合作协议，已逐渐形成了以周边国家和发达国家为主、兼顾其他发展中国家的林业国际合作总体布局。中国—中东欧国家合作机制设立前，我国与西欧大部分林业发达国家建立了双边、多边合作关系，但与中东欧国家合作较少。近年来，国家林业和草原局积极加强与中东欧国家的林业合作。目前，已与包括斯洛文尼亚在内的5个中东欧国家的林业主管部门签署了林业合作谅解备忘录。在此基础上，中国将全面拓宽与中东欧国家在林业领域的合作与交流，积极建立中国—中东欧国家林业合作协调机制，并支持斯洛文尼亚牵头成立并担任该机制的执行协调机构。此外，塞尔维亚、匈牙利等中东欧国家均通过我国驻外机构等渠道表达了开展林业合作的愿望，国际林业合作的外部环境和条件已经具备，通过与中东欧国家深化林业合作将有力地配合我国林业国际合作战略布局，有利于我国输出资金和技术，有助于林业企业利用跳板深入欧盟大市场，也为中国—中东欧国家合作开辟了广阔的绿色空间。

（四）林业合作是推动“一带一路”倡议的重要内容

欧盟是中国最重要的贸易伙伴之一，欧洲市场一直以来都是中国产品的重要消费市场。中国政府倡议“一带一路”发展战略的目的之一也是依靠中国与有关国家和地区既有的双多边机制，借助既有的、行之有效的区域合作平台，高举和平发展的旗帜，主动地发展与沿线国家和地区的经济合作伙伴关系，并最终将中国与更遥远的欧洲连接起来，加深和巩固双边、多边关系。中东欧国家在“丝绸之路经济带”发展格局中，地理位置独特，向西可辐射欧洲，是打通“丝绸之路经济带”西进欧洲的重要桥梁，也是中国通过海路和陆路深入到欧洲腹地的必经之路。因而拓展和深化中国—中东欧国家双多边合作，其战略地位和意义无疑是影响深远的。尽管目前相比其他产业，双方林产品贸易量较少、林业相互投资规模较小，但中国与中东欧国家林业互补性强，经贸合作潜力巨大，合作意愿十分强烈。充分利用双多边会议机制，构建中国—中东欧国家林业交流与合作平台，形成中国—中东欧国家林业合作协调机制，巩固双方林业合作成果，将是生态文明背景下推动“一带一路”的重要内容。

第二节 中国—中东欧国家林业合作的基本原则

（一）合作共赢是开展中国—中东欧国家林业合作的根本基石

工业革命以来，人类社会与自然资源之间的紧张关系不断凸显。无节制的工业开发、大规模热带雨林破坏、乱砍滥伐、毁林开荒、非法木材采伐与贸易等不合理的人类活动，造成森林、草场、湖泊、海洋、湿地等自然生态资源不断减少和退化，引发了全球气候变暖、生物多样性锐减、传统文化丧失、社会失序、贫困化等一系列问题。地球生态系统作为一个不可分割的整体，环境污染、气候变化等全球性危机并不会因为人为自主划分国家主权边界就能阻断危机的蔓延，反而因全球化的加速而更加密切地相互影响。顺应世界多极化、经济全球化、文化多样化、社会信息化的潮流，秉持开放的区域合作精神，开展更大范围、更高水平、更深层次的区域合作，构建跨国界、跨区域的森林与环境治理体系，建设多样化的合作平台和交流机制，加强国际林业合作以应对全球环境危机，符合中国和中东欧国家的根本利益，才有利于全球经济、社会、环境、文化可持续发展目标的实现。

（二）务实开放是推进中国—中东欧国家林业合作的重要特征

务实和开放是中国—中东欧国家开展林业合作的态度和方法。务实意味着双方合作不是只停留在口头承诺和纸面上，而是注重实际行动和成果，是建立在实际需求和互助共赢基础上的实质性合作，这种务实性使得中国与中东欧国家在木材和木制品贸易、林业技术合作、绿色投资、林业教育科研等方面的合作取得诸多了实质性的成果。开放则体现了中国和中东欧国家间的林业合作协调机制不是封闭的，而是向外界开放，允许其他国家和国际组织根据自身的需求参与或退出。这种开放性赋予了中国—中东欧国家林业合作协调机制灵活性，更好地在林业领域实现了资源互补和优势互补，有助于促进全球林业领域的知识交流和经验分享，从而为全球森林治理体系的完善共同发力。

（三）互惠互利是促进中国—中东欧国家林业合作的持续动力

互惠互利是中国与中东欧国家林业合作实现长期稳定的持续动力。一方面，中国作为最大的发展中国家，全球第二大经济体，同时还是全球最大的制造业国和出口国，也是世界上最大的消费市场之一，拥有巨大的市场容量和发展空间，在林业领域已成为世界林产品生产、贸易、消费第一大国；中东欧国家森林资源丰富，在林木生产、木材加工等方面具有很大的进出口贸易需求，通过与中国开展林产品贸易，能够实现资源优化、利益互补，有利于中东欧国家林业产业升级和可持续发展。另一方面，中东欧国家是欧洲的新兴力量，地理位置独特，向西可辐射欧洲，是连接亚欧大陆的重要纽带，拥有巨大的发展潜力，在“一带一路”发展格局中，也是打通“丝绸之路经济带”西进欧洲的重要桥梁，是中国通过海路和陆路深入到欧洲腹地的必经之路。通过中国—中东欧国家林业合作，能够更好地充分挖掘中欧合作潜力，创新合作平台和交流机制，巩固和深化中欧合作关系，这在“一带一路”倡议中的战略地位和意义无疑是影响深远的。

（四）包容互鉴是保障中国—中东欧国家林业合作的关键法宝

包容互鉴指合作双方彼此尊重、倾听、学习和吸取对方的经验和观点的态度。在林业合作中，中国和中东欧国家秉承这样的态度以便更好地在森林可持续经营、森林与环境治理、林业应对气候变化等方面达成共同目标。在生态文明建设背景下，“绿色发展”成为中国经济社会发展的主旋律，其也贯穿我国对外开放与经济合作政策。近十年，中国成为全球生态文明建设的重要参与者、贡献者、引领者，中国林草事业在国际合作领域积极作为，已形成全方位、宽领域、多层次的对外合作格局，林草元素不断成为中国特色大国外交的亮丽名片。中东欧国家经历了政治、经济和社会转型，是当前欧洲的新兴地区。这些国家拥有丰富的森林资源，且林业在中东欧国家中也扮演着重要角色。基于包容互鉴的合作原则，中国与中东欧国家在林业领域可以分享各自的林业管理经验、最新技术和实践案例，互惠互利。双方可以共同开展研究，解决共同面临的林业挑战，例如森林保护、可持续经营管理和气候变化适应等。同时，通过中国—中东欧国家林业合作协调机制，可以协调林业政策和法规，确保它们在国际林业框架内协调一致，共同推动全球林业可持续发展的议程。包容互鉴的林业合作原则，有助于中国—中东欧国家建立长期、稳定且双赢的合作关系，是在复杂的国际环境中实现合作共赢的关键法宝。

第三节 中国—中东欧国家林业合作的时代背景

（一）国际格局发生深刻变化，中欧关系正经历深刻调整

当前世界正经历“百年未有之大变局”，中国与世界的关系正在发生重大变化，受此影响中国—欧盟关系近年一直在不断调整，无论中国—欧盟关系还是中国—美国关系，都朝着一种新常态变化。21世纪以来，在中国—欧盟双方的共同努力下，从建设性伙伴关系到全面伙伴关系，再到全面战略伙伴关系，实现了中国—欧盟关系的“三级跳”，至2020年达到合作的顶峰。然而，2021年后中国与欧盟的双边关系急转直下，从2020年的“合作之年”突然变成了“危机之年”，先后出现了重要双边协定审批程序被欧方冻结，双方围绕所谓的新疆人权问题采取制裁与反制行动，第二十三次中国—欧盟领导人会晤未能如期举办等重大变故。同时，在新型冠状病毒肺炎疫情对欧洲影响逐步减轻形势下，欧盟加速向地缘政治力量转化，其大国和地区政策也发生了较大调整。在2019年3月出台的《欧盟—中国战略展望》（*EU-China: a Strategic Outlook*）政策文件中，欧盟将中国定位为“目标一致时的合作伙伴”“在技术领导力方面的经济竞争者”和“推广其他治理模式选项的制度性对手”。在对华定位“三分法”思维主导下，2021年欧盟对华政策呈现出价值理念与政治制度领域冲突不断、经贸与科技领域打压防范、气候变化与环境保护领域维持合作的显著特点 。2022年俄国与乌克兰冲突爆发，再为中国—欧盟关系横添变数和挑战，中国—欧盟作为两大力量、市场和文明，未来能否一道推动双边关系行稳致远，为动荡的世界局势提供一些稳定因素，亟待双方求同存异，寻求更多的合作点与协同路径。

（二）世界经济持续低迷，全球经济复苏动能不足

面对世界百年未有之大变局，世界经济持续低迷，如何推动全球经济稳定增长、消解反全球化“逆风”和“回头浪”，并实现强劲、可持续、平衡及包容、增长成为摆在国际社会面前的重大命题。据联合国《2022年世界经济形势与展望》报告，受新型冠状病毒肺炎疫情影响，劳动力市场挑战不断，供应链问题得不到解决，加上疫情前就已显现的通胀压力持续增加，全球经济复苏正面临巨大的阻力。截至2021年底，经济增势大幅放缓，中国、美国、欧洲联盟尤为如此。三大经济体出口和投资的驱动力正在下降，这将使得全球经济复苏更加乏力，特别是中国—欧盟在经贸和投资领域的合作的空间可能会被进一步挤占。

（三）民粹式贸易保护主义抬头，深化合作的不确定性与风险显现

2012年4月，旨在加强互利共赢、务实合作的中国—中东欧国家合作机制的建立对推动中国与中东欧国家关系发展中具有里程碑意义。中国—中东欧国家合作机制成立十年来，在推动中国与中东欧国家关系的多个方面发挥了不可替代的作用，在经贸关系、高层互动、互联互通、农林合作、人文交流等领域取得了丰硕的成果，其中中国与中东欧国家的合作成为中国—欧盟合作的重要组成部分和有益补充，并成为中国与欧洲跨区域合作的亮点和新的合作引擎。然而，受国际格局的巨大变化、中东欧国家内部的分化、中国—欧盟关系的深刻调整等因素影响，中国与中东欧国家合作机制也面临新的不确定性。由于中东欧国家内部日益明显的差异性和多元性，这些国家在处理和中国关系时难以达成一致共识。中东欧国家对合作机制的立场取决于和本国利益的关系，他们希望通过合作机制加强对华交往并获取经济利益。由于比较优势、经济结构等因素的影响，一些中东欧国家认为合作并未达到预期的效果，进而质疑合作机制的作用，机制的稳定性和可持续性受到一定影响。加之美国和欧盟对中国—中东欧国家合作进展十分关注，中国—欧盟之间基于不同价值观基础上的意识形态之争和基于地缘政治基础上的利益空间之争趋强。在美国加大对中东欧的战略投入及欧盟突出地缘政治

作用的背景下，中东欧地区内外环境趋向复杂，中国与中东欧国家合作面临更大的不确定性和风险。

（四）中国与中东欧国家林草领域合作共同利益大于分歧、机遇大于挑战

在多国经济下行、大国博弈加剧、俄罗斯和乌克兰冲突持续的叠加效应下，中国—中东欧国家合作要延续十多年来的合作热情、合作频率和合作深度，并非易事。在务实的合作原则的引导下，进一步巩固合作的基本点、寻求开展合作的突破点成为中国与中东欧国家合作的关键。中国作为世界和平的建设者、全球发展的贡献者、国际秩序的维护者、全球公共产品的提供者，中国的对外政策符合中国与中东欧国家的根本利益。在林草合作领域，中国为推动全球共同应对气候变化做出不懈努力。习近平总书记在第七十五届联合国大会一般性辩论上郑重宣布中国将力争于2030年前实现碳达峰，努力争取2060年前实现碳中和。中国承诺实现从碳达峰到碳中和的时间远远短于发达国家所用时间，需要付出艰苦努力。在第七十六届联合国大会一般性辩论上习近平主席再次在讲话中指出，中国将大力支持发展中国家能源绿色低碳发展，不再新建境外煤电项目。同时，中国深度参与《生物多样性公约》治理进程，提出了以生态文明建设为引领，协调人与自然关系；以绿色转型为驱动，助力全球可持续发展；以人民福祉为中心，促进社会公平正义；以国际法为基础，维护公平合理的国际治理体系四点主张，为全球生物多样性治理注入新动力。对中东欧国家而言，他们在脱碳目标、绿色转型、生物多样性保护等方面与中国持有共同的理念，也面临共同的挑战和困难。中国与中东欧国家无论在国内还是国际上，都具有互学互鉴的基础和意愿，双方应结合国际形势的变化，在以粮食保障为核心的绿色转型合作、可再生能源的加速发展、欧亚大陆互联互通的保障等方面开展“精细化”的合作，这也是中国—中东欧国家林草合作机制下一阶段的合作重点，能为中国与中东欧国家合作带来新的动力。

第四节 中国—中东欧国家林业合作的重要意义

（一）深化林业合作是推动中欧共建绿色“一带一路”的关键抓手

当前，全球化进程不仅面临单边主义的严重挑战，而且面临着全球生态环境问题的巨大压力，迫切需要一种新型的全球发展倡议，以推动转变经济发展模式。2022年4月，国家发展改革委等四部门联合印发《关于推进共建“一带一路”绿色发展的意见》，提出扎实推进“一带一路”国家在绿色基建、绿色能源、绿色交通、绿色金融等领域务实合作，形成共建“一带一路”绿色发展格局。绿色“一带一路”与联合国《2030年可持续发展议程》（*Transforming our World: The 2030 Agenda for Sustainable Development*）在理念、原则和目标方面高度契合、相辅相成，被国际社会认可为推动落实可持续发展议程的解决方案之一。截至2019年年底，与中国签署共建“一带一路”合作谅解备忘录的欧洲国家数量已达到22个，越来越多的欧洲国家愿意加入“一带一路”合作平台。中国共建“一带一路”倡议践行绿色发展理念，倡导绿色、低碳、循环、可持续的生产生活方式，增进沿线各国政府、企业和公众的绿色共识及相互理解与支持，共同实现2030年可持续发展目标。目前，欧洲各界对于绿色“一带一路”倡议的信任和参与不断升温，在森林生态修复、减少毁林、打击非法木材贸易、跨区域的碳交易等林草重要领域有较大的合作空间，这种合作为中国与中东欧国家林草生态系统保护合作点明了方向，也有助于加强中国—欧盟，尤其是中国在中东欧国家绿色低碳领域的投资。因而，以林草生态系统保护合作作为着力点，促进中国与中东欧国家共建绿色“一带一路”的发展，是推动中国与中东欧国家绿色合作走深走实的关键抓手。

（二）深化林业合作是中国—中东欧国家弥合分歧、增进共识的重要途径

近年来西方总体经济与社会发展速度放缓，金融危机与新型冠状病毒肺炎疫情导致贫富差距拉大，社会矛盾频出，不同群体获得感存在差异。在对华关系上，虽然欧盟及主要成员国依然明确对华

关系总体平稳的路线与基调，但欧洲社会激进的民粹主义与保守力量在抬头。在西方政治与舆论寻找对外标靶的过程中，中国个别地区议题被西方持续妖魔化，易被欧洲别有用心的政治势力操弄，点燃社会舆情，从而在欧盟及其成员国对华政策问题上，体现出不同机构、群体、政党对华立场的差异化。由此对中国与欧洲国家间的双边和多边合作带来了严峻的挑战，制造了巨大的噪声。

在分歧与不确定性的复杂背景下，中国与中东欧国家间的双边和多边合作亟待寻找新的合作切入点，挖掘新的合作领域，寻求新的合作方案。正如习近平总书记所言，“可持续发展是各方的最大利益契合点和最佳合作切入点”，是应对全球环境容量趋紧、气候变化挑战加剧、逆全球化风险突出的重要途径。当前，中国和包括中东欧国家在内的欧洲国家间在应对气候变化、促进生态系统修复、保护生物多样性等具有共同的话语和利益诉求，并且这一领域在共同影响人类命运的同时，几乎不含政治色彩，中国与欧洲国家存在最广泛的共识，并自《巴黎协定》之后互为最优的合作伙伴。中国作为最大的发展中国家和新兴经济体，通过加强生态文明建设、积极应对气候变化，正逐步找到符合发展中国家国情与需要的绿色增长路径，相关案例能够为“一带一路”沿线国家和地区提供可借鉴、可复制、可操作的经验。一直以来，中国是全球气候治理进程、生物多样性多边进程的积极参与者和贡献者，切实履行气候变化、生物多样性等环境相关条约义务。中国政府在疫后经济复苏阶段，提出“新型基础设施建设”“中国碳中和承诺”等绿色低碳发展举措，打造中国—欧盟绿色合作伙伴，建设性参与全球应对气候变化和保护全球生物多样性多边进程，释放出高质量及可持续发展的鲜明信号。林草生态系统是地球最大的陆地生态系统，在绿色、低碳、可持续发展中发挥不可替代的重要作用，进一步推进该领域的合作是弥合分歧、增进共识的优选方案。

（三）深化林业合作是中国—中东欧国家合作提质增效的潜力空间

当下国际局势瞬息万变，各类危机蛰伏暗处。越是紧张时刻，越要体现人类命运共同体的原则。构建人类命运共同体是习近平总书记2015年向国际社会发出的倡议。习近平总书记从5个方面给出了共建人类命运共同体的目标和路径：一是坚持对话协商，建设一个持久和平的世界；二是坚持共建共享，建设一个普遍安全的世界；三是坚持合作共赢，建设一个共同繁荣的世界；四是坚持交流互鉴，建设一个开放包容的世界；五是坚持绿色低碳，建设一个清洁美丽的世界。中国与中东欧国家合作是具有重要影响力的跨区域合作平台，与其他双多边合作机制相比，中国—中东欧国家合作机制有其特殊性。从发展历程看，中国—中东欧国家合作大致经历了启动期（2011—2012 年）、黄金期（2012—2017 年）和深水期（2017 年至今）三个发展阶段，其中 2012 年和 2017 年是具有转折意义的年份，前者标志着该机制正式启动，后者则见证了其受内外环境影响而出现起伏（刘作奎，2020）。林业合作是中国—中东欧国家合作进程中不可分割的重要组成部分，中国—中东欧国家林业合作在摸索中也遭遇了各种困难和挫折，但双方秉持务实、高效、互利共赢的合作原则，林业领域的合作取得成绩，特别是在构建“人类命运共同体”的愿景下，推动中国与中东欧国家的林业合作将具有更大的发展潜力与合作空间（雷静品 等，2021）。在这样的背景，进一步地推动中国与中东欧国家的林业合作，有利于推动建立有效的全球环境治理体系，有利于全球共同应对气候变化挑战，有利于构建全球命运共同体。

第二章
中东欧国家林业合作的基础：森林经营管理概况

中国—中东欧国家林业合作协调机制框架下所涵盖的中东欧国家[①]的国土总面积为13313.70万公顷，总人口为12193.09万人（2021年），人均面积为1.09公顷，中东欧国家森林总面积[②]为4038.27万公顷（FAO，2020），约占中东欧国家总国土面积的1/3，人均森林面积达0.33公顷。中东欧国家地理位置特殊，北部是温带大陆性气候，南部是地中海气候。地区的森林植被以针叶林、阔叶林为主，主要树种有欧洲山杨、欧洲云杉、欧洲桦木、欧洲冷杉、欧洲栓皮栎、黑桤木、灰桤木、欧洲赤松等。有的国家还有当地特有树种，如捷克的山毛榉、小叶椴、欧洲鹅耳枥，克罗地亚的菩提树、刺槐、白蜡等。中东欧国家的林产品贸易大部分以原木和半成品形式出口，或者进口初级林产品，加工后再出口到其他国家。

第一节 中东欧国家森林资源概况

（一）中东欧国家的森林面积与森林覆盖率

中东欧国家中，波兰、罗马尼亚的森林面积最大，分别为948.3万公顷、692.91万公顷；希腊、保加利亚的森林面积在300万~400万

① 中国—中东欧国家林业合作协调机制中所指的中东欧国家包括维谢格拉德国家（波兰、匈牙利、捷克、斯洛伐克）、东南欧国家（罗马尼亚、保加利亚、斯洛文尼亚、克罗地亚、塞尔维亚、北马其顿、波黑、黑山、阿尔巴尼亚、希腊），为方便表述后文统一用中东欧国家来表示。

② 本文中的“林地”界定标准依据《全球森林资源评估（2020）》（FAO，2020）划分为3类，即森林（forest），由树高超过5米的乔木组成，郁闭度超过10%，覆盖面积超过0.1公顷；其他林地面积（other wooded land），由树高超过5米的乔木和灌木组成，灌木和乔木的总郁闭度超过10%，覆盖面积超过0.1公顷；以及其他土地面积（other land），所有未被森林或水覆盖的地区。

公顷范围内，塞尔维亚、捷克、匈牙利的森林面积在200万~300万公顷范围内，斯洛伐克、波黑、斯洛文尼亚、北马其顿的森林面积在100万~200万公顷范围内；而黑山、阿尔巴尼亚的森林面积仅为82.70万公顷、78.89万公顷，森林面积最小。总体来看，中东欧国家平均森林覆盖率约为36.55％，高于我国森林覆盖率。其中黑山、斯洛文尼亚森林覆盖率大于50%，以斯洛文尼亚的森林覆盖率最高为60.44%，其余大部分中东欧国家森林覆盖率都在30%左右，其中波黑森林覆盖率最低，为19.55%（表2-1）。

森林资源的丰富程度是中国—中东欧国家林业合作的重要参考。森林资源丰富的国家，不仅在一定程度上表明该国在森林保护、森林经营等方面的优势，而且对于林产品贸易合作将提供重要的基础和参考，也是人才交流、科研合作的重要考虑因素。

表 2-1 中东欧国家各类林地面积与覆盖率（FAO, 2020）

国家/地区	森林面积（万公顷）	其他林地（万公顷）	其他土地（万公顷）	国土面积（万公顷）	森林覆盖率（%）
阿尔巴尼亚	78.89	26.30	168.81	287.50	27.44
保加利亚	389.30	2.40	693.90	1110.00	35.07
波黑	100.15	14.30	137.75	512.10	19.56
波兰	948.30	0.00	2113.60	3126.90	30.33
黑山	82.70	13.70	38.10	138.10	59.88
捷克	267.71	0.00	504.39	788.70	33.94
克罗地亚	193.91	61.81	303.88	880.70	22.02
罗马尼亚	692.91	1.56	1606.34	2384.00	29.06
北马其顿	100.15	14.30	137.75	257.10	38.95
塞尔维亚	272.27	50.82	551.51	883.60	30.81
斯洛伐克	192.59	2.04	286.17	490.30	39.28
斯洛文尼亚	123.78	2.74	74.88	204.80	60.44
希腊	390.18	263.47	635.35	1319.60	29.57
匈牙利	205.45	19.13	680.72	930.30	22.08
中东欧国家合计	4038.28	472.57	7933.15	13313.70	30.33
中国	21245.99	10780.08	63973.93	96000.00	22.13

（二）中东欧国家的森林蓄积量

森林蓄积量是指一定森林面积上存在的林木树干部分的总材积。森林蓄积量是反映一个国家或地区森林资源总规模和水平的基本指标之一，也是反映森林资源的丰富程度、衡量森林生态环境优劣的重要依据。中东欧国家森林总蓄积量为91.69亿立方米，其中天然次生林总蓄积量为49.80亿立方米，人工林总蓄积量为27.88亿立方米。中东欧国家之间森林蓄积量差异巨大，波兰森林总蓄积量最高，为27.30亿立方米，其次是罗马尼亚；阿尔巴尼亚森林总蓄积量最低，为0.55亿立方米（表2-2，图2-1）。

表2-2 中国与中东欧国家森林总蓄积量（FAO，2020）

单位：亿立方米

国家/地区	天然次生林总蓄积量	人工林总蓄积量	森林总蓄积量
阿尔巴尼亚	—	—	0.55
保加利亚	6.14	1.53	7.67
波黑	—	—	4.05
波兰	5.53	19.97	27.30
黑山	1.21	—	—
捷克	—	—	7.91
克罗地亚	4.15	0.12	4.27
罗马尼亚	21.02	2.53	23.55
北马其顿	—	—	0.76
塞尔维亚	3.99	0.22	0.22
斯洛伐克	3.23	2.15	5.38
斯洛文尼亚	—	—	4.14
希腊	1.85	0.07	1.92
匈牙利	2.68	1.29	3.97
总蓄积量	49.80	27.88	91.68
中国	34.69	14.92	69.39

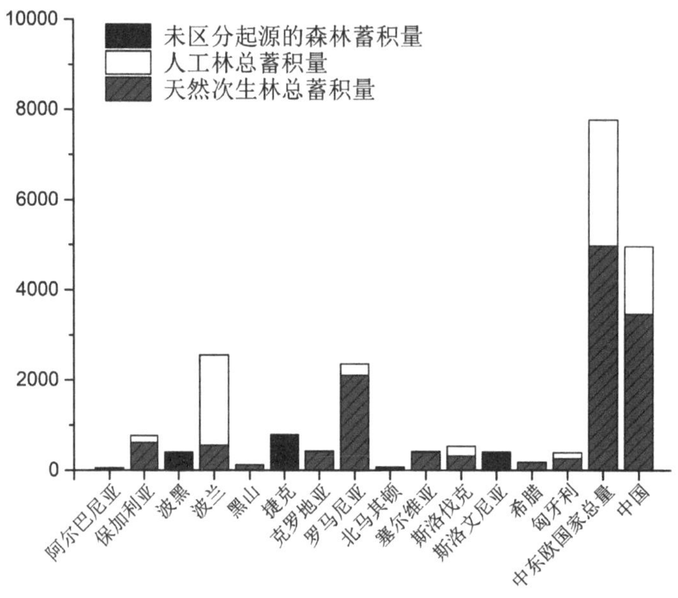

图2-1 中国与中东欧国家森林蓄积量（单位：百万立方米）

（三）中东欧国家的主要森林类型

（1）按林分起源划分

中东欧国家位于欧洲的中部、东部和南部，北部属于温带大陆性气候，南部为地中海式气候。中东欧国家森林按照起源划分为天然次生林和人工林，其面积分别为 26803.49万公顷和13681.53万公顷，分别占森林面积的 66％和 34％。其中黑山的天然林面积占总森林面积99%以上，克罗地亚、希腊、斯洛文尼亚、塞尔维亚、波黑、阿尔巴尼亚、罗马尼亚、保加利亚的天然林面积占总森林面积均在80%以上，匈牙利、斯洛伐克的天然林面积约占总森林面积的60%；相较之下，捷克、波兰的人工林面积分别占总森林面积的95%、78%（表2-3）。

天然林作为森林资源的重要组成部分，具有植物种类组成丰富，林分结构复杂，群落稳定，功能健全的特点，在保持水土、涵养水源、保持生物多样性、抵御各种自然灾害、应对气候变化方面发挥着重要的不可替代的作用。

表 2-3 中东欧国家按起源划分的森林组成（FAO，2020）

单位：万公顷

国家/地区	天然林	人工林
阿尔巴尼亚	71.168	7.039
保加利亚	311.6	77.7
波黑	205.72	11.931
波兰	205.4	736.6
黑山	81.9	0.8
捷克	13.766	253.943
克罗地亚	187.052	6.859
罗马尼亚	603.398	89.507
北马其顿	-	-
塞尔维亚	260.682	11.583
斯洛伐克	117.736	74.854
斯洛文尼亚	119.214	4.569
希腊	376.29	13.89
匈牙利	126.423	78.878
中国	13221.456	8024.534

（2）按森林功能划分

按森林功能划分，中东欧国家森林分为用材林（production）、水土保持林（protection of soil and water）、生物多样性的保护林（conservation of biodiversity）、社会服务林（social services）、多用途林（multiple use）、其他用途林（other）和未知用途（none/unknow）7类。其中，用材林占中东欧国家森林总面积的比例最高，达34%；多用途林和水土保持林面积分别为21%和17%；社会服务林和其他用途林比例最少，分别为4%和3%。

中国根据森林的用途和经营目的，将森林分为防护林、用材林、经济林、薪炭林、特种用途林这五种类型。在中国2020年提交

FAO的森林资源评估报告中，中国依据上述7种功能分类分别进行了统计，其中用材林、多用途林和水土保持林占比较大，而社会服务林和其他用途林占比稍小。

表2-4　中国与中东欧国家按功能划分的森林面积（FAO，2020）

单位：万公顷

国家/地区	用材林	水土保持林	生物多样性保护林	社会服务林	多用途林	其他用途林	未知	森林总面积
阿尔巴尼亚	62.80	13.00	3.10	0.00	0.00	0.00	-0.01	78.89
保加利亚	150.00	36.50	70.40	22.50	109.90	0.00	0.00	389.30
波黑	0.00	0.00	0.00	0.00	0.00	0.00	218.79	218.79
波兰	0.00	192.40	97.50	102.10	556.30	0.00	0.00	948.30
黑山	67.54	10.60	0.00	0.00	0.00	0.00	4.56	82.70
捷克	197.51	25.31	24.36	14.14	0.00	0.00	6.40	267.71
克罗地亚	133.44	24.38	5.52	2.74	27.83	0.00	0.00	193.91
罗马尼亚	295.90	251.50	32.10	0.00	0.00	113.40	0.01	692.91
北马其顿	0.00	0.00	0.00	0.00	0.00	0.00	100.15	100.15
塞尔维亚	178.70	59.80	18.17	8.00	5.80	1.80	0.00	272.27
斯洛伐克	44.02	35.10	4.49	16.26	92.72	0.00	0.00	192.59
斯洛文尼亚	58.64	23.73	1.12	2.54	37.76	0.00	0.00	123.78
希腊	0.00	0.00	0.00	0.00	0.00	0.00	390.18	390.18
匈牙利	122.61	19.05	50.70	1.95	0.00	10.99	0.00	205.30
中东欧国家合计	1378.69	701.97	307.45	170.22	830.31	126.19	505.84	4020.68
中国	6787.79	4593.56	1421.72	300.83	7795.11	232.04	866.77	21997.82

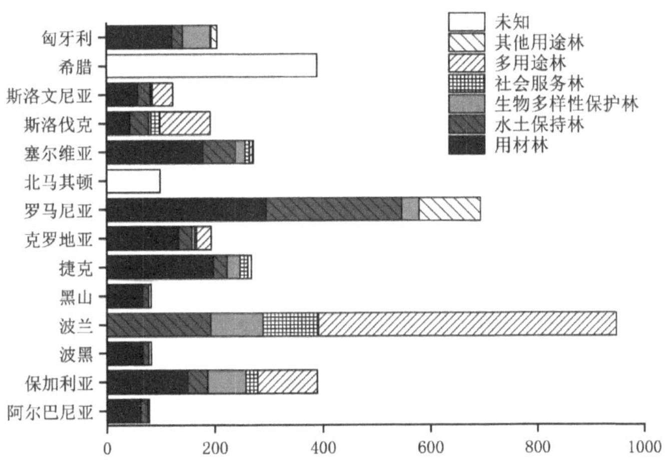

图 2-2 中东欧国家按森林功能划分的森林结构情况

（单位：万公顷）（FAO，2020）

（3）按森林权属划分

20世纪90年代发生了东欧剧变，中东欧国家森林所有权的结构变化在不同国家之间存在差异。1990年后，斯洛伐克、匈牙利等国家国有林比例显著降低，私有林面积的比例急剧升高，说明这些国家受国际局势影响较大，而且这种改变在较短的时间内基本完成了所有制结构的调整；罗马尼亚、斯洛文尼亚、捷克、北马其顿等国家所有权随着国家政体的变化也相应地发生改变，国有林比例降低，私有林有所增加，但是变化不显著，变化趋势比较缓慢；波兰、克罗地亚、阿尔巴尼亚、黑山等国家，森林所有权的组成基本稳定，说明这些国家至少在森林所有权组成方面未受到政体的影响（表2-5，图2-3）。

总体来讲，中东欧国家的国有林比例较高，国有林总面积约3232.7万公顷，占森林总面积的70％；私有林约1304.9万公顷，占森林总面积的28％。森林权属不同国家之间存在差异，斯洛文尼亚、塞尔维亚的私有林面积超过50%，黑山、匈牙利、罗马尼亚的私有林面积在30%~50%，而克罗地亚、捷克、斯洛伐克、波兰、波黑、保加利亚、北马其顿、阿尔巴尼亚等国均以国有林为主，其国有林面积占森林总面积的70%以上。

表 2-5 中东欧国家森林权属状况（FAO，2020）

单位：万公顷

	阿尔巴尼亚					希腊					保加利亚					波黑				
年份	1990	2000	2010	2015	2020	1990	2000	2010	2015	2020	1990	2000	2010	2015	2020	1990	2000	2010	2015	2020
私有林	0	0.7	2.1	2.2	2.2	—	—	—	—	—	0	28.3	45.1	46.8	46.8	40.3	55.5	55.5	57.1	57.1
国有林	78.9	76.3	76.2	76.8	76.8	—	—	—	—	—	332.7	309.2	328.6	336.5	336.5	180.7	155.6	154.7	158.9	158.9
未知	0	0	0	0	0	—	—	—	—	—	0	0	0	0	0	0	0	0	0	0
森林总面积	78.9	76.9	78.2	78.9	78.9	329.9	360	390.2	390.2	390.2	332.7	337.5	373.7	383.3	383.3	221	211.2	210.3	216.1	216.1
	波兰					黑山					捷克					克罗地亚				
年份	1990	2000	2010	2015	2020	1990	2000	2010	2015	2020	1990	2000	2010	2015	2020	1990	2000	2010	2015	2020
私有林	147.5	152.4	168.6	176.5	176.5	—	—	39.4	39.4	39.4	11	60.7	62.1	65	65	45	48.7	54.4	55.6	55.6
国有林	740.6	753.5	764.3	765.5	765.5	—	—	43.3	43.3	43.3	251.9	203.1	203.7	201.9	201.9	140	139.8	137.6	136.6	136.6
未知	0.1	0	0	0	0	—	—	0	0	0	0	0	0	0	0	0	0	0	0	0
森林总面积	888.2	905.9	932.9	942	942	62.6	62.6	82.7	82.7	82.7	262.9	263.7	265.7	266.8	266.8	185	188.5	192	192.2	192.2
	匈牙利					罗马尼亚					北马其顿					塞尔维亚				
年份	1990	2000	2010	2015	2020	1990	2000	2010	2015	2020	1990	2000	2010	2015	2020	1990	2000	2010	2015	2020
私有林	0.9	46.1	86.1	86.4	86.4	0	35.6	215.2	230.6	230.6	9.4	10.9	8.1	11.2	11.2	117	121.4	121.3	156.2	156.2
国有林	179.2	115.2	117	116.9	116.9	637.1	601	436.3	424.9	424.9	81.8	84.8	88	88.2	88.2	637.1	124.6	138.2	115.8	115.8
未知	1.3	30.8	1.5	2.8	2.8	0	0	0	34.6	34.6	0	0	0	0	0	0	0	11.8	0	0
森林总面积	181.4	192.1	204.6	206.1	206.1	637.1	636.6	651.5	690.1	690.1	91.2	95.8	96	99.4	99.4	637.1	246	271.3	272	272
	斯洛伐克					斯洛文尼亚					中东欧国家合计					中国				
年份	1990	2000	2010	2015	2020	1990	2000	2010	2015	2020	1990	2000	2010	2015	2020	1990	2000	2010	2015	2020
私有林	0	82.[illegible]	77.6	63.8	63.8	71.8	83.6	93.2	94.7	94.7	442.9	726	1028.7	1085.5	1085.5	2749.6	3186.9	7496.5	8686.6	8686.6
国有林	190.2	99.5	96.3	92.6	92.6	47	39.7	31.5	29	29	3497.2	2702.3	2615.7	2586.9	2586.9	12964.5	14513.2	12564.5	12342.8	12342.8
未知	0	8.5	17.8	35.8	35.8	0	0	0	1	1	1.4	39.3	31.1	74.2	74.2	0	0	0	0	0
森林总面积	190.2	190.[illegible]	191.8	192.2	192.2	118.8	123.3	124.7	124.8	124.8	4217	3890.2	4065.6	4136.8	4136.8	15714.1	17700.1	20061	21029.4	21029.4

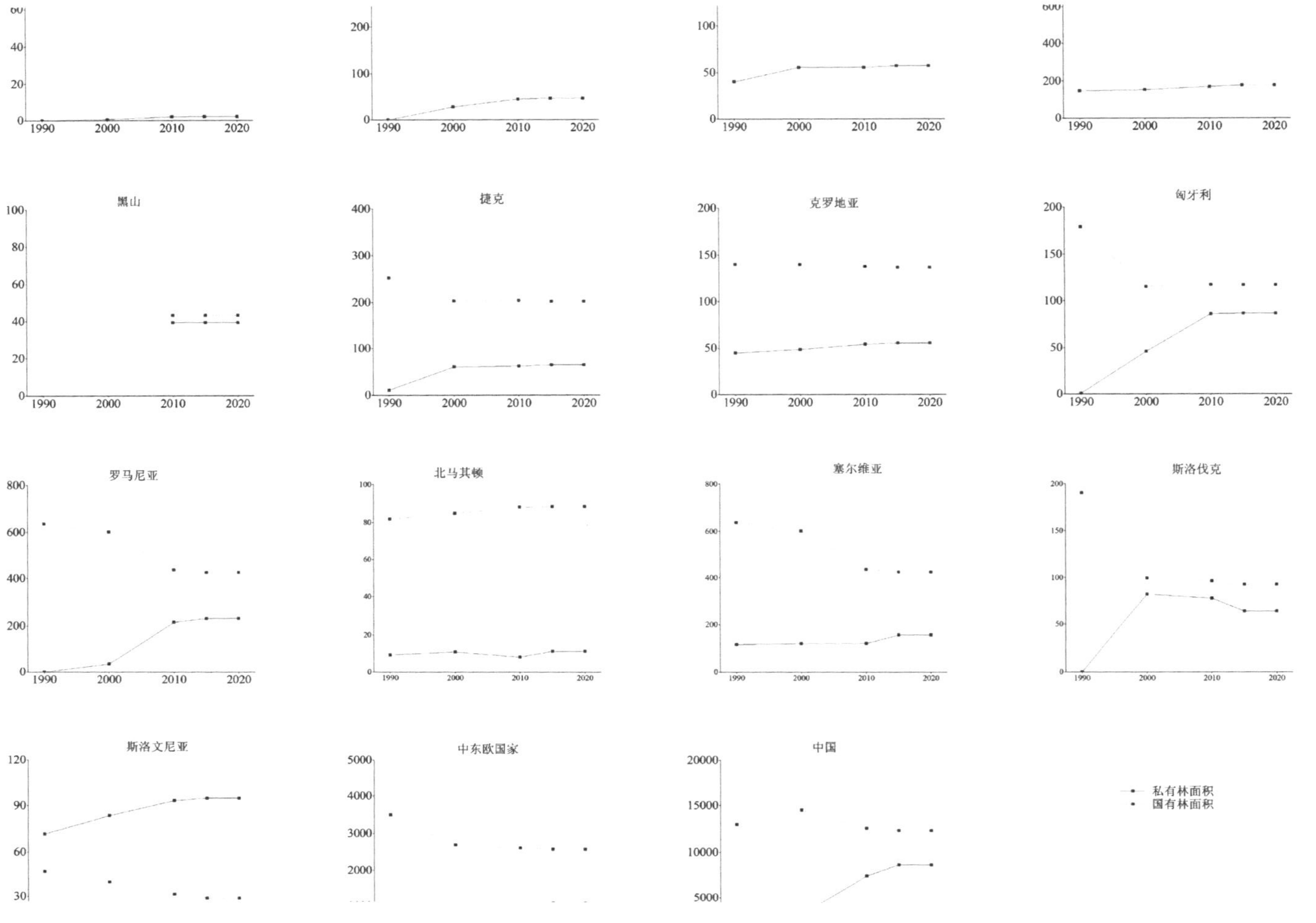

图 2-3 1990—2020年中东欧国家国有林、私有林面积变化（单位：万公顷）（FAO，2020）

第二节 中东欧国家林业管理机构

（一）政府管理机构

中东欧国家将林业管理机构并入农业、水资源管理、环境、农村发展等部门，部委之下设立林业管理机构，主要负责政策、法律的制定和执行监管，总体协调与管理工作。大部分中东欧国家将林业管理并入农业部门，如保加利亚、黑山、捷克、罗马尼亚、斯洛文尼亚、匈牙利等国家。阿尔巴尼亚、波兰、克罗地亚等国将林业管理纳入环境或水资源管理部门（表2-6）。

表2-6 中东欧国家林业管理部门

国家	林业管理部门	具体管理内容
阿尔巴尼亚	旅游与环境部	森林资源管理
	森林警察署	国家环境、森林和水资源监察
	国家环境局	监测、保护和改善环境，管理有关科研工作
	国家保护区管理局	管理自然保护区和其他自然网络
保加利亚	农林食品部	森林资源管理，立法
波黑	对外贸易经济合作部	政策制定，自然资源、能源和环境保护
	国家统计部	统计林业信息、国家间林业信息交流
	环境指导委员会	环境法律和政策的协调，签定公约
	农业、林业和水资源管理局	林业管理
	环境和旅游局	土壤保护、环境状况的监测，环境保护条款的制定以及旅游业管理
	贸易和旅游局	贸易，旅游和餐饮部门
	FBiH环境保护基金	FBiH环境保护方面基金的管理和分配，环境保护相关项目的施行以及可再生资源的利用
波兰	环境部	林业的最高领导机构
	国有林管理局	制订波兰国营森林的重大决策和林业政策，组织和平衡有关林业计划的贯彻执行，预算林业财政、预测未来的林业发展，批准林业局的林业计划和营林方案，监督省林业局的工作，制定省林业局的资金分配方案，制定木材和林产品的市场政策，任免省林业局领导

（续表）

国家	林业管理部门	具体管理内容
黑山	农业和农村发展部	制定林业和国家林业政策
	国家公园管理局	参与林业相关管理
捷克	农业部	修改地方政府决策，林业管理
	环境部	国家公园的森林经营，猎物管理和渔业管理
克罗地亚	农业部和文化部	森林经营和管理
罗马尼亚	国家森林管理局	国有森林的经营和服务
	森林管理区	其他林地面积的经营和服务
北马其顿	农林水和经济部	“森林法”“狩猎法”和所有其他在林业和狩猎领域约束性法律条文的实施监督
	环境与国土规划部	监测环境状况，保护生物多样性，保护地质多样性，保护国家公园和保护区
塞尔维亚	农业-林业-水利部	森林可持续管理，林业管理政策制定
斯洛伐克	农业与农村发展部	林业与狩猎管理
斯洛文尼亚	农业和环境部	林业管理监察，国家森林维护，近自然经营，森林多功能可持续和最佳经营，森林自然保护
希腊	农业部	林业管理
匈牙利	农业和农村发展部	负责监管和指导林业工作，包括林业经营、组织和管理等

注：基于江泽平、雷静品等（2018）研究补充修订。

（二）森林非政府管理机构

中东欧多数国家实现林业主管部门政、企分开，设立国有营林或林业管理公司，协助政府部门开展森林经营和管理，如波兰的国有林主要由具有行政职能的国有林业企业经营。斯洛伐克国有林以国有林场为基层林业生产单位，由林业总局直接管理，部分国家建立了相关机构与机制进行管理，如北马其顿建立的私有林联合会（表2-7）。

表2-7 中东欧国家林业企业协会（江泽平，雷静品 等，2018）

国家	林业企业、协会	具体管理内容
阿尔巴尼亚	森林和牧场产业协会（地方组织）	协调村级森林的开发利用，从事行政单位的相关森林经营活动的执行工作
	CNVP	可持续森林经营、气候变化、环境与自然资源管理、农村发展、可再生能源和废物管理
保加利亚	商业和国有企业局	营林作业、资源经营、森林保护开发
波兰	森林经营与地面测绘局、森林种子局、波兰私有林业主联盟、波兰林学会、波兰林学家和木材学家协会、波兰木材工业经济学会、波兰木建筑学会、波兰纤维板学会、波兰造纸学会	—
黑山	私有林林场主协会	参与林业相关管理
捷克	捷克国营企业（Forest of the Czech Republic, FCR）	私有林森林管理、森林抚育、营林造林
	林业协会（市政和私有林主协会，SVOL，捷克林学会，林业联盟，捷克农业科学院，苗圃协会，国家林业委员会）	参与编制国家森林规划
克罗地亚	克罗地亚林业公司	管理森林和林地
	森林咨询服务局	为林主提供咨询服务，私有林管理、利用和保护
罗马尼亚	罗马尼亚森林协会（ASFOR），私营森林管理协会（AAPP），私营森林业主协会，营林协会，宜林协会，罗马尼亚森林服务提供商专业协会以及森林保护联合会	代表、支持和捍卫成员的利益，进行营林作业、资源经营、森林管理
北马其顿	北马其顿森林（PEMF）	经营管理国有林
	国家私有林所有者协会	保护私人森林所有者的个人利益
塞尔维亚	SE Srbijašume公司	经营国有林，并为私有林提供专业服务
	塞尔维亚国有林经营管理公司	国有林经营，森林多功能的改善和利用，木材及非木材林产品的生产和开发，森林游憩和狩猎
	国有林企业“Vojvodinašume”	经营国家森林

（续表）

国家	林业企业、协会	具体管理内容
斯洛伐克	林业协会、非国有林地所有者协会、林业从业者协会、狩猎协会等	保护各林地所有者的权益，向政府提出建议以及协调会员间的纠纷
斯洛文尼亚	斯洛文尼亚农林协会，斯洛文尼亚木材工业协会，斯洛文尼亚林业工商协会，林主协会联盟，林社协会，斯洛文尼亚狩猎协会等	保护各林地所有者的权益、森林经营管理

第三节　中东欧国家林业管理制度

中东欧国家林业法规相对完善，基本上涵盖了森林经营管理的各个方面，包括森林发展目标、森林权属、森林经营与利用、森林更新、造林和森林采伐、森林保护等（表2-8）。

中东欧各国按照森林法和相关法例法规，对森林的采伐管理制定了相关政策，加强管理。如克罗地亚法律规定，流入市场上的木材必须记录，采伐前要进行登记和测量，森林采伐由克罗地亚森林有限公司进行登记记录；而阿尔巴尼亚规定在森林中进行采伐、放牧和割草等活动，需要在林业局依照有关规定审核征税并发放采伐许可证后方可进行（表2-9）。

表2-8　中东欧国家森林法（江泽平，雷静品　等，2018）

国家/地区	名称	时间	内容
阿尔巴尼亚	《关于森林和森林服务》	2005年	森林经营、森林保护、森林监察管理
保加利亚	《森林法》	2011年	林地保护、森林经营管理，林木产品生产、生物和景观多样性保护
波黑	《森林法》	2002年	森林功能、森林经营
波兰	《森林法》	1991年	林业财政、林业监察、森林管理、森林经营
黑山	《森林法》	—	—
捷克	《森林法》	1991年	经营权和所有权

（续表）

国家/地区	名称	时间	内容
克罗地亚	《森林法》	2006年	造林、保护、利用和经营
罗马尼亚	《森林法》	2016年	森林资源档案、集约经营
北马其顿	《森林法》	2009年	森林权属、森林资源
塞尔维亚	《森林法》	2010年	森林权属、森林利益
斯洛伐克	《森林法》	—	森林经营
斯洛文尼亚	《森林法》	2013年	木材运输管理文件规定；关于没收和收缴木材和木材产品法规
希腊	《森林法》	—	—
匈牙利	《森林和森林保护法》	1996年	森林保护
中国	《中华人民共和国森林法》	2019年	森林、林木的保护、培育、利用和森林、林木、林地的经营管理活动

表 2-9 中东欧国家主要的林业政策（江泽平，雷静品 等，2018）

国家	相关林业政策	具体内容
阿尔巴尼亚	《森林与牧业发展战略》	保护森林基金，实现森林可持续经营，市场经济原则在林业部门各个方面的应用，森林利用向社区转移，促进旅游业的发展
保加利亚	《狩猎和猎物保护法》《保加利亚共和国国家林业部门发展战略（2013—2020）》《林业部门战略规划（2014—2023）》《保护区法案》《环境保护法案》《生物多样性法案》《可再生能源法案》	协助保护、管理森林
波黑	《森林发展战略（2011—2021）》	建立林业机构，充分利用森林资源并保护生态系统；根据生态系统管理原则，实施森林经营管理；提升林业对社会经济发展的贡献；加大财政支持力度，确保战略目标顺利完成。
波兰	《森林经营方案》	每十年更新一次全面的森林清查和森林状况评估
黑山	《国有森林及林地管理政策》	

（续表）

国家	相关林业政策	具体内容
捷克	《国家森林资源清查》	对捷克森林的实际状况和发展进行客观和独立的评估
克罗地亚	—	—
罗马尼亚	森林经营方案	十年为一个森林经理期、森林资源建档、森林集约经营
北马其顿	林业可持续发展战略	营林造林、提高森林产品品质
塞尔维亚	《森林发展战略》	森林和林业发展的可持续性、森林多功能性
斯洛伐克	《国家有关木材资源利用方案》《国家现有木材资源利用方案行动计划》《2014—2020年国家森林项目行动计划》《斯洛伐克农业部门战略发展规划》	—
斯洛文尼亚	斯洛文尼亚国家森林计划	斯洛文尼亚森林经营可持续发展
希腊	—	—
匈牙利	《自然保护法》《猎物保护法》《猎物管理和狩猎法》	协助保护、管理森林

当前，中东欧国家在国家层面针对政策支持森林可持续经营，支持森林可持续经营的法律法规，促进或允许利益攸相关者参与林业政策制定的平台，木材产品的可溯源系统基本建立了相应的指标体系；但是在各国地方层面，后两项指标体系多数国家未完全建立。我国虽然在国家和地方层面拥有前三项指标体系，但是在木材产品的可溯源系统方面并未涉及（表2-10）。

表 2-10　中国与中东欧国家相关指标体系（FAO，2020）

国家	指标体系存在层面			
	政策支持森林可持续经营	支持森林可持续经营的法律法规	促进或允许利益攸相关者参与林业政策制定的平台	木材产品的可溯源系统
阿尔巴尼亚	国家、地方	国家、地方	国家	国家
保加利亚	国家	国家	—	国家
波黑	国家	国家	国家	—

（续表）

国家	指标体系存在层面			
	政策支持森林可持续经营	支持森林可持续经营的法律法规	促进或允许利益攸相关者参与林业政策制定的平台	木材产品的可溯源系统
波兰	国家	国家、地方	国家	国家
黑山	国家	国家	国家	国家
捷克	国家、地方	国家	—	国家
克罗地亚	国家、地方	国家、地方	国家、地方	国家、地方
罗马尼亚	国家、地方	国家	国家	国家
北马其顿	国家	国家	国家	国家
塞尔维亚	国家	国家	—	—
斯洛伐克	国家、地方	国家、地方	国家	国家
斯洛文尼亚	国家、地方	国家、地方	—	—
希腊	国家	国家	国家	—
中国	国家、地方	国家、地方	国家、地方	—

第三章
中国—中东欧国家林业合作协调机制的构建与完善

2012年在波兰举办中国—中东欧国家领导人峰会，标志着中国—中东欧国家合作正式启动。中国—中东欧国家林业合作协调机制是中华人民共和国与中东欧国家在林业领域合作协调机制的简称，也是中国—中东欧国家合作的重要组成部分，包括为落实国家“一带一路”倡议林业领域在中东欧国家不同层面开展的一系列活动。十年来，中国与中东欧国家在经贸、基建、农业、科技、林业、人文交流等多个领域开展了务实合作。其中林业为中国—中东欧国家合作的一个特色领域，林业领域的合作在多个方面取得成果，达成了一系列共识，双方在科研、教育、人才交流等方面的合作有长足进展。

第一节 中国—中东欧国家建立林业合作协调机制的基础

（一）中国与中东欧国家在政治上互信

中东欧国家是第一批与新中国建立外交关系的国家，在新中国诞生之初举步维艰地争取国际社会承认的道路上，中东欧国家的承认和支持发挥了巨大的作用。同时，中国与中东欧国家以社会主义的共同理想和无产阶级国际主义精神团结在一起，相同的意识形态也加强了国家与人民之间的亲近感，促使中国与这些中东欧国家结下了深厚的传统友谊。冷战时期，中国与中东欧国家关系虽很大程度上受到中苏关系、苏欧关系的影响而跌宕起伏，但相互之间并不存在根本的意识形态矛盾。冷战结束后，中国与中东欧关系在双边、多边领导人的共同努力之下从政冷经热的阶段，逐步发展到当前成熟稳定的机制化合作，党际交流顺畅，中国共产党与中东欧国家多个不同类型的政党保持着不同形式的交流与合作，双方国家政党领导人和代表团频繁互访。2000年以后，中国先后与罗马尼亚、克罗地亚、塞尔维亚、波兰等中东欧国家建立全面友好合作伙伴关系或战略伙伴关系，同时成立中国—中东欧国家领导人定期会晤机制，中国与中东欧国家关系步入全新的发展阶段。2012年中国—中东欧国家领导人首次会晤在波兰华沙举行，随后《中国—中东欧国家合作布加勒斯特纲要》《中国—中东欧国家合作贝尔格莱德纲要》《中国—中东欧国家合作苏州纲要》和《中国—中东欧国家合作中期规划》等政策文件的颁布进一步巩固了中国同中东欧国家政治上的互信，为顶层设计中国—中东欧国家包括林业合作在内的各领域合作奠定了基础。

（二）中国与中东欧国家在经济上互补

欧盟连续十年保持中国第一大贸易伙伴地位，而中国则是欧盟第二大贸易伙伴。作为全球第二大经济体，中国经济近年来保持7%~11%的平稳增长，经济实力和国际影响力不断提升。中东欧国家相继加入欧盟后，也越来越重视发展对华经贸关系，特别是在遭遇全球金融危机和欧债危机的背景下，中国和中东欧国家开始重新审视彼此，挖掘合作潜力。对于中东欧国家而言，由于中东欧国家发展高度依赖西欧市场，因而在欧债危机爆发，西欧陷入经济困境后，西欧市场需求萎缩和资金的抽离，对中东欧经济造成巨大冲击。因此，中东欧国家加强与中国的经贸合作有利于本国获得新的市场和资金来源，增添发展的新动力。而对中国而言，国内产能过剩，需要积极开展“走出去”战略。中东欧国家地处西欧门户，是中方企业及其产品进入西欧市场的跳板，且中东欧国家属于欧盟内的新兴力量，经济相对西欧发展国家比较落后，建设空间较大，基础设施需求旺盛，是中国“走出去”战略的理想要地。

（三）中国与中东欧国家在文化上互鉴

中国文化是东方文明的重要代表，而中东欧国家是欧亚多种文化的汇集处，双方文化交流意义重大。2013年，双方通过了《中国—中东欧国家文化合作行动指南》，提出中国与各国国家文化关系的发展应以相互尊重、平等协商为前提，以交流互鉴、共同发展为目标，双方应加强相互对话，促进思想交流，求同存异，扩大彼此共识，共同倡导不同文化之间的平等对话，促进各民族文化的多样性发展和共同繁荣。中国与中东欧文化具有相互借鉴的地方，一项没有文化支撑的事业难以持续长久，通过中国与中东欧文化上相互借鉴、相互包容，增进中国与中东欧国家的相互了解，是推动中国—中东欧国家合作不可忽视的重要力量。

第二节 中国—中东欧国家建立林业合作协调机制的潜力

（一）双方林业改革发展总体目标一致

中国政府历来高度重视林业改革发展和生态文明建设，投入巨资启动实施了“三北”防护林、退耕还林等重点生态工程，近年来又提出要对天然林和自然湿地实施全保护，保护珍稀濒危野生动植物，维护生物多样性，积极履行气候变化框架内的各项公约，为全球生态与环境治理贡献自身力量。而中东欧国家在欧盟区域合作框架及联合国气候变化框架公约的约束下，也十分重视自身的林业发展。如斯洛文尼亚政府提出“森林是我们美丽的源泉”的国家战略，希望通过最大程度、有效、安全的森林开发，让国家富强、人民富足，这与我国生态文明建设和发展绿色经济的理念不谋而合。因此，两者在林业发展与合作上具有巨大的合作动力，也是中国与中东欧国家合作比较容易取得突破性进展的领域之一。

（二）双方林业经贸合作互补优势明显

中国与中东欧国家资源禀赋不同，经济高度互补，双边、多边经贸合作前景广阔。斯洛文尼亚、波兰等中东欧国家森林覆盖率高，森林资源丰富，林业附加值较高，大多数国家的木材及木制品进出口均呈现增长趋势，林产品贸易额是国家生产总值的重要组成部分。一直以来，中东欧国家林产品贸易市场开发较为滞后，原木、人造板、家具等优势产业主要出口集中在欧洲。受国际金融危机的影响，欧洲市场需求迅速萎缩，中东欧国家林业贸易也遭遇困境，亟待寻求新的合作者。中国是世界上森林资源和林产品生产、消费、进出口大国。2014年，中国林业产业总产值达到5026万亿元，林产品进出口额达到1380亿美元。但我国木材进口渠道单一，过度依赖俄罗斯及东南亚市场，木材来源市场集中度较高，中国也在开拓国际木材的进口渠道，中东欧国家的木材供给与中国的木材需求不谋而合，双方林业贸易互为重要潜在合作者。近年来，在中国与中东欧国家合作日益密切、交往日趋活跃的大环境下，双方林业经贸合作迅速发展，2014年双方林产品贸易额达16亿美元，进出口原木达115万立方米，中国进口锯材达75万立方米。中国与中东欧国家的林产品贸易互补优势明显，合作潜力巨大，促进双方林产品贸易务实合作符合各自的发展特点和合作需求，符合双方的共同愿望和利益。

（三）双方绿色经济投资与合作空间宽广

由于经济转轨及欧债危机的影响，还有部分如捷克、克罗地亚等中东欧国家虽林业资源丰富，但由于缺乏资金来引进国外先进技术和发展木材加工业，目前多数企业缺乏融资渠道，负债经营，技术装备十分落后，急需吸引国际投资。而中国资本过剩，金融投资正在实行“走出去”战略，如能在政策上有效地对接，为中方资本的进入提供优惠与支持，将更多的资本和中国林业企业家吸引到中东欧国家办林业企业，将能很好地弥补这一缺陷。同时，中国企业进驻中东欧国家，对接欧盟的认证标准，将为其打入欧洲市场提供便利。另外，我们也要看到，中国西部地区还有广阔的生态产业的开发空间，是生态修复、绿色能源等产业的优质投资地，部分中东欧国家掌握较为先进的经营理念、绿色能源技术和木材加工业技术，如加强我国西部地区与中东欧国家的区域林业合作，可为我国建设“生态西部”提供技术和资本上的支持。

（四）双方林业经营管理理念可互学互鉴

由于历史原因，中国与中东欧地区的林业经营与管理体制类似，都经历了由计划经济向市场经济转轨的过程，但又在各自的发展过程中形成自身的特色。当前中东欧有的国家国有林私有化程度已经非常高，有的国家仍坚持以国有林为主的经营形式，双方加强林业合作可促进林业改革经验的交流和合作。例如中东欧国有林私有化改革可为我国的集体林权制度改革提供参考，中东欧国家国有林管理制度可为我国国有林场（林区）改革提供经验借鉴。另外，东西方森林经营理念的交流也是林业合作的重要部分。冷战前，中东欧国家是苏联的林木生产与供应基地。冷战结束后，中东欧国家学习西欧的林业经营理念，强调林木自然生长的“近自然”经营。这两年来，该理念也引入中国，但还处于试点推广阶段，加强中国与中东欧国家的林业合作，可引进国际先进的林业经营理念，扩充我国林业经营管理的手段，改善林业经营管理的现状。

第三节　中国—中东欧国家林业合作协调机制的构建

林业合作是中国—中东欧国家合作进程中不可分割的重要组成部分，中国和中东欧国家在合作初期就对森林的作用达成共识，在各国政府的支持下，汇聚了中国和中东欧国家的商业团体和研究团体以便扩大和加强双方林业合作。通过高级别（林业部长级）会议和联络小组（liaison group，LG）会议确定中国—中东欧国家林业合作发展战略和安排部署具体工作（图3-1）。联络小组会议每年召开一次，明确中国—中东欧国家林业合作过程中的具体方向，高级别会议每两年召开一次，为后两年的合作提供方向和指导。

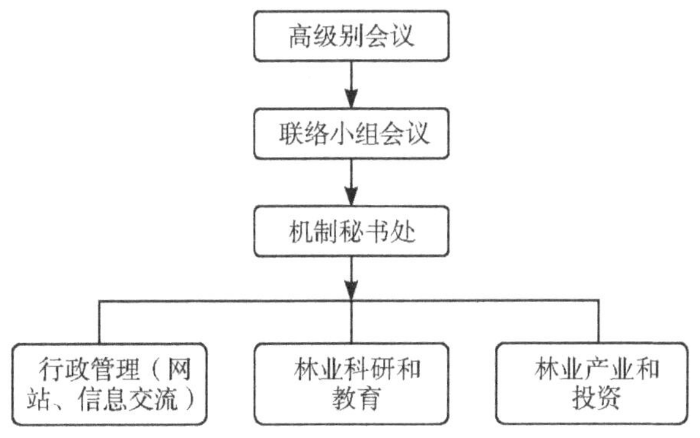

图3-1 中国—中东欧国家林业合作协调机制的构成

作为陆地生态系统的主体，森林在经济效益、生态效益和社会效益方面功能显著，同时，森林对改善当地人员生计、维持绿色增长和应对气候变化等意义重大。森林是大量动物和植物的栖息场所，在环境服务中具有重要作用；森林有助于发展农村特别是当地经济，从地方到全球都有其社会功能。了解天然林的结构及其演化过程，对获得最佳的森林经营时间至关重要。因此，中国和中东欧国家应在促进多功能林业和可持续森林经营、保护湿地和野生动物、发展绿色经济和生态文化以及促进可持续发展方面发挥其作用，共同致力于落实联合国《2030年可持续发展议程》（*Transforming our World: The 2030*），特别是联合国《2030年可持续发展议程行动计划》中设立的森林可持续经营的目标（焦玉海，2016）。

（一）中国—中东欧国家林业合作的主体、渠道与内容

中国—中东欧国家林业合作是深化中国与欧盟全面战略伙伴关系的重要方面，是我国与其他国家共建“一带一路”的重要组成部分，是促进区域整合、实现共同繁荣，加强全球森林治理合作，共同应对全球气候变化的重要举措。中国与中东欧国家的林业合作，需要各国携手努力，朝着互利互惠、合作共赢的目标相向而行。由于林业发展与全球气候变化关系密切，因此中国与中东欧的林业合作处于国际公约、国际区域合作的框架之内，在中欧全面伙伴关系的基础上，借助“一带一路”倡议的重大历史机遇，建立开放包容、互利共赢、共同发展、共同繁荣的国际林业合作协调机制。

（1）中国与中东欧林业合作的主体

在中国与中东欧合作的主体方面，要形成政府主导、民间参与的合作模式。在政府层面，中国与中东欧国家林业同行应加强信息交流，分享科研成果，推动技术革新，促进产品贸易，发展绿色经济，建立林业全方位的合作机制；在民间层面，中国与中东欧国家企业、民间团体、个人资本、人员等要素相互流动，促进民间的文化互动与交流，加深双方人民的传统友谊，增进了解和互信。

（2）中国与中东欧林业合作的渠道

在中国与中东欧国家的合作渠道方面，要形成从中央到地方、

从官方到民间，涵盖不同领域的多元沟通、交流方式。不仅中央政府可以相互合作，地方政府也可以通过友好城市等渠道加强交流与合作；不仅促进官方机构的互访与互通，而且为民间团体的交流与合作提供便利。

（3）中国与中东欧林业合作的内容

在中国与中东欧的合作内容方面，要覆盖林产工业、林产品贸易、林业投资、林业设备研发、林业基础设施建设、林业科技、生态文化等多个领域。推动在森林可持续经营、发展多功能林业、湿地和野生动植物保护方面的合作；交流林业、湿地和野生动植物保护以及森林—木材产品产业链方面的信息、最佳实践和合作项目；科学合作，分享在林业和木材加工业方面的知识和研究；促进林产品贸易，交流林业和木材加工业方面的知识和技术，推广绿色产品和技术；推动绿色经济中的林业发展。

（二）中国—中东欧国家林业合作协调机制的构成

森林是延缓气候变暖的重要因素，在全球应对气候变化的行动中发挥特有的功能，占据至关重要的地位。随着全球一体化进程加快，区域林业合作协调机制相继建立，统一的国际森林治理体系即将形成。当前，应积极利用现存有关林业合作的平台和双多边合作机制，巩固合作成果，根据实际需要建立新的合作模式，促进区域林业合作和国际林业治理体系的形成。

（1）国际合作机制

中国与中东欧林业合作要充分发挥国际公约和国际机构与合作网络的作用。中国与中东欧国家应遵守《联合国气候变化框架公约》《生物多样性公约》《国际湿地公约》等国际公约的规定，按要求切实履行相关义务，并在区域范围内努力提高国际公约的约束力，为双方林业合作提供基础。同时，中国与中东欧林业合作应积极发挥联合国（UN）、世贸组织（WTO）、亚洲基础设施投资银行（AIIB）、欧盟（EU）、二十国集团（G20）等政府间国际组织和全球环境基金（GEF）、世界自然基金会（WWF）、世界自然保护联盟（ICUN）等非政府组织的作用，借助联合国森林论坛

（UNFF）等合作平台，利用国际林业研究组织联盟（IUFRO）、国际林业研究中心（CIFOR）等合作网络，强化多边合作，完善中国与中东欧国家林业合作协调机制，协调推动林业合作项目的实施。

（2）双边合作机制

中国与中东欧国家林业合作采取以点带面、巩固双边合作成果、树立合作示范的合作模式。中国与中东欧国家结合各国自身情况，本着平等协商、优势互补、合作共赢的原则将林业合作落到实处。中国与中东欧国家中的任何一个国家都可以自愿、有选择性地敲定本国感兴趣的领域或合作项目，中国愿意同中东欧各国开展多层次、多渠道的沟通和磋商，把林业作为中国—中东欧国家合作的重要内容，深化和加强与波兰、罗马尼亚等已签定谅解备忘录国家的合作，同时继续扩大与中东欧国家的合作关系，拓展与中东欧国家的林业合作渠道，鼓励多层次、宽领域的林业交流，共同分享林业发展成功经验，促进在国际热点问题上的理解与共识。以点带面，树立中国—欧盟林业合作的典范，建设一批双边合作示范区，进而推动中国与中东欧地区林业合作的发展。

（3）多边合作机制

中国与中东欧国家林业合作要充分借助国际论坛，强化多边合作机制的作用。发挥中国与欧盟各国的区域、次区域相关国际论坛如中国—亚欧博览会、欧亚经济论坛，如中国西部国际博览会、贵阳生态文明国际论坛等平台的建设性作用。继续发挥上海合作组织（SCO）、亚太经合组织（APEC）、亚欧会议（ASEM）等现有多边合作机制的作用，利用多样化的双边合作机制，促进中国与中东欧国家加强沟通，形成多方参与的利益共同体，共同为中国—中东欧国家林业合作贡献力量。

（4）民间合作机制

中国与中东欧林业合作，要重视民间交流与合作，将民间互动视为有效的合作机制。中国与中东欧国家重要城市共结“生态友好”城市，相互举办林业专项投资、林产品贸易、生态文化交流等活动，加强人员往来，肯定民间交流与合作机制在中国与中东欧国家林业合作中的重大作用。

第四节　中国—中东欧国家林业合作的共同目标

（一）提升全球森林治理中的制度性话语权

森林问题是当前国际社会普遍关注的问题，林业已成为国际政治、经济、社会和生态等议程的重要议题之一，成为应对气候变化、防治荒漠化、保护生物多样性、促进乡村发展的重要手段。中国与中东欧各国森林管理模式类似，经营理念趋近，制度需求相符。双方在森林经营管理、湿地保护、生物多样性保护方面应加强相互沟通，增进相互理解，达成统一共识。在全球森林与环境治理的国际公约、国际规定的制定和相关国际谈判中尊重对方关切，寻求共同利益，相互支持，共同维护国际森林治理的秩序，提升双方在全球森林治理中的制度性话语权。

（二）发展多功能林业，实现森林可持续经营

森林具有生态、经济、社会和文化等多重功能，随着社会和经济的发展，经营森林不仅是为获取木材，更是为了实现森林经营的多重复合效益。中东欧与中国的森林管理体制、产权安排等类似，双方在探讨森林的多重效益的发挥具有共同的基础。中国与中东欧林业部门应加强交流，分享成功的经验和模式。

森林是应对全球气候变化的重要手段，森林可持续经营不仅是生态问题，也事关社会经济发展问题、民生改善问题。中东欧国家在森林可持续经营上取得了不少成就，也有比较先进的经营理念和技术，中国与中东欧国家林业合作要注重促进林业可持续发展的经营和理念的分享，为推动全球森林可持续经营贡献力量。

（三）组建国际合作平台，促进林业技术国际转移

中国与中东欧林业合作致力于组建官方、科研单位、高校、企业、民间等多层次、宽领域的合作模式，充分借助现有合作网络，扩展双方的合作平台。特别是注重交流林业生产和木材加工业方面的知识和技术，探讨双方先进林业技术在对方国家推广的可行性，促进林业技术的国际转移。

（四）加大双方林业投资与林产品贸易的规模

中东欧国家大多在经历经济转型，同时受到国际金融危机的影响，国内林业行业虽基础较好，但急需投资。中国地域辽阔，在中西部地区还有广阔的林业投资市场。中国与中东欧林业合作应注重绿色投资与发展绿色经济，特别是引进中东欧国家先进的生态修复技术和经营管理理念，同时输出中国富余的资本，充分发挥中小企业在林业投资中的作用。

中国与中东欧国家在林产品贸易上具有明确的互补优势和强烈的合作意愿，今后的中国与中东欧林业合作的重点之一就是为双方林产品贸易提供便利，如去除关税壁垒、互认森林认证、提供通关绿色渠道等，最终加大双方林产品的贸易规模。

第四章
中国—中东欧国家林业合作的进展

2022年是中国与中东欧国家合作十周年，十年来合作机制切实推进了中国与中东欧国家双边、多边的务实合作，成为中国—欧盟合作的重要组成部分。本章深入分析中国—中东欧国家林业合作的进展，取得的阶段性成果，解析双方合作的重点方向和新形势下的合作前景，积极为中国—中东欧国家林业合作提供支撑。

第一节 中国—中东欧国家林业合作的阶段成果

（一）中国—中东欧国家林业合作协调机制与平台日趋完善

2013年和2014年中国—中东欧国家领导人会晤均发表相关纲要，强调要把保护森林、湿地和野生动植物、促进森林可持续经营、发展生态文化和增进绿色经济等方面视为中国与中东欧国家林业合作与交流的重点领域。其中《贝尔格莱德纲要》进一步指出，各国需要实时分享林业行业发展的成功经验，增进理解并促进合作。中国—中东欧国家林业合作始终贯彻落实纲要中指出的林业合作领域和方向，以落实纲要的精神为宗旨，切实推动中国—中东欧国家林业合作。主要通过以下方式开展：

（1）林业合作高级别会议

中国—中东欧国家林业合作高级别会议由各国林业部长参加，通过部长讨论形成并通过指导中国—中东欧国家林业合作的纲领性文件，明确中国—中东欧国家林业合作的思路和方向，确定合作机制和合作重点领域。林业合作高级别会议每两年举办一次，每次会议都会为未来两年的工作提供宏观指导。

2016年5月24日，中国国家林业局局长张建龙率团参加了由斯洛文尼亚承办的第一次中国—中东欧国家林业合作高级别会议，参会的还有斯洛文尼亚副总理兼农业、林业和食品部部长戴阳·日丹以及来自保加利亚和阿尔巴尼亚等中东欧国家林业主管部门的高级别代表。张建龙局长高度肯定中国与中东欧国家林业合作，并表示中方愿同中东欧各国继续稳定并开拓双边交流渠道，高度支持中国—中东欧国家林业合作协调机制发展，主张加强对话促合作促发展，促进湿地和野生动植物保护、多功能林业及森林可持续经营、绿色经济与生态文化发展，支持并鼓励绿色科技交流与发展，为致力于林业领域的企业搭建经济贸易投资合作平台，在中国—中东欧国家林业合作中始终贯穿生态环境友好的观念。在第一次中国—中东欧国家林业合作高级别会议上，各国家代表共同探讨并通过了《中国—中东欧国家林业合作协调机制行动计划》，决定落实第四次中国—中东欧国家领导人会晤精神，共同推进《中国—中东欧国家合作中期规划》的实施。这是双方林业合作的重要里程碑，也标志着双方的林业合作发展步入新的阶段。

2018年5月14日，第二次中国—中东欧国家林业合作高级别会议在塞尔维亚召开。国家林业和草原局副局长刘东生、塞尔维亚农林水利部部长及来自阿尔巴尼亚等中东欧国家林业主管部门的高级别代表出席了会议。国家林业和草原局副局长刘东生指出，在中东欧各国的共同协商与努力下，近年来中国—中东欧国家林业合作进展顺利，林业科研教育与经贸投资合作得以顺利开展和实施，逐步成为双方合作的重要领域之一。

有关未来合作，中国愿在深化已有合作、发展具有优势的领域基础上，进一步拓展双边和区域林业合作协调机制，为中国与中东欧各国科研院校和相关企业搭建合作平台，促进信息共享和优势互补。会议期间，中国—中东欧国家林业合作协调机制中英文网站（www.china-ceecforestry.org）正式开通。该会议制订了后两年的合作计划，开通了旨在提高信息沟通的中英文网站，进一步具体部署了合作的方向，实现了各国林业信息沟通，为务实合作奠定了坚实的基础。

2021年6月2日第三次中国—中东欧国家林业合作高级别会议以视频方式召开，来自中国、斯洛文尼亚等16个国家林业主管部门的高级别代表出席会议，奥地利、欧盟以观察员身份参会。会议以“森林和林业产业在生物经济中的重要作用”为主题，指出中国与中东欧国家在森林资源管理、木材加工、木结构建筑等领域各有特点和优势，在林业生物经济各领域的合作具有巨大潜力。中国和中东欧国家将进一步加强林业合作协调，促进林业生物经济发展，为缓解气候变化，实现《联合国森林战略规划（2017—2030年）》全球森林目标和可持续发展目标做出贡献。

（2）联络小组会议

林业合作协调机制联络小组会议是中国—中东欧国家各国联络人在执行层面上的会议，原则上每年举行一次，讨论中国—中东欧国家林业合作年度工作安排，为高级别会议的顺利召开做铺垫，同时是将高级别会议精神落到实处的重要环节。联络小组会议的召开，积极促进了中国—中东欧国家林业合作的步伐。

2017年，中国—中东欧国家林业合作协调机制第一次联络小组会议在斯洛文尼亚召开。国家林业局和12个中东欧国家的林业代表，以及作为观察员的欧盟和奥地利代表参加了为期2天的会议。代表们就未来林业合作和协调机制工作进行了讨论，并取得以下成果：①一致通过了林业合作协调机制联络小组工作章程；②着手建立中国—中东欧国家林业合作网站，发展线上林业合作的推广，网站计划于2017年下半年正式开通；③对40个意向性的林业经济和科学合作项目进行讨论、分组，由有合作意愿的国家牵头进行可行性研究，推动林业科研、教育方面的合作。

2018年，中国—中东欧国家林业合作协调机制第二次联络小组会议和中国—中东欧国家科研合作研讨会在塞尔维亚首都贝尔格莱德召开，审议并通过了2018—2020年行动计划和合作内容。

2019年，中国—中东欧国家林业合作协调机制第三次联络小组会议在波兰华沙举行。会议回顾了合作机制2018年的进展，讨论通过了2019—2020年度工作计划，强调了机制应协调成员国林业科研机构联合申请并实施科研项目，整理林业产业投资目录，为中国和中东欧国家林业企业搭建投资合作桥梁。

2020年，中国—中东欧国家林业合作协调机制第四次联络小组会议线上召开。会议回顾了2019—2020年林业合作进展，讨论了

2021—2022年合作计划、中国—中东欧国家林业合作协调机制第三次高级别会议等事宜，还讨论了中国—中东欧国家贸易与投资机遇、林业产业合作方针等议题。2021年5月13日，中国—中东欧国家林业合作协调机制第五次联络小组会议线上举行。

（二）中国—中东欧国家林草部门高级别互访频繁、交流密切

自从中国与中东欧国家开展林业合作以来，双方高层沟通和交流比以往更加密切和频繁，林业领导人之间通过访问、会议等方式，建立了林业合作协调机制，沟通中国—中东欧国家林业合作的方针，推动林业经贸领域合作，实现互利共赢（表4-1）。

2015年，斯洛文尼亚副总理兼农业、林业和食品部部长访问国家林业局，双方共同签定了《中华人民共和国国家林业局和斯洛文尼亚共和国农业、林业和食品部关于建立中国—中东欧国家林业合作协调机制的谅解备忘录》，为中国—中东欧国家合作注入了新动力。

2016年，捷克农业部副部长访问国家林业局，双方就林业工作组会议、中国—中东欧国家林业合作、林业有害生物防治、林业产业和林业科技合作等共同关注的问题交换了意见，并表示愿意尽快召开第二次中捷双边林业工作组会议，进一步增强在各相关领域的合作，共同推进两国林业发展与进步。

2017年，斯洛文尼亚副总理兼农业、林业和食品部部长访问国家林业局，双方高度认可了中国—中东欧国家林业合作协调机制自2016年5月启动以来取得的积极进展和成果，希望进一步加强中国与包括斯洛文尼亚在内的中东欧国家在林业领域的全方位交流与合作。

2017年波兰环境部副部长访华，与国家林业局一起回顾了两国在林业领域的合作，就造林和森林经营、国有林经营管理、林业应对气候变化、林业产业、林业生物质能源等共同关心的问题交换了意见，并同意在《中华人民共和国国家林业局和波兰共和国环境部关于林业合作的谅解备忘录》框架下继续加强合作。

2019年，国家林业和草原局领导接见到访的斯洛文尼亚农林食品部国务秘书，双方回顾了中国—中东欧国家林业合作协调机制成

果和中斯林业合作进展，就未来两年合作深入交换了意见。

（三）中国—中东欧国家林业科研教育合作引领林业合作走向务实

2017年10月，来自中国和中东欧国家，包括政府部门、林业科研院所、林业高校、企业等近180位代表共同参加了于北京召开的“中国—中东欧林业科研教育合作国际研讨会”。研讨会目的是为落实2016年5月在第一次林业高级别会议上通过的《中国—中东欧国家林业合作协调机制行动计划》，加强中国和中东欧国家在林业领域的沟通与交流，增进各国对林业合作领域的共识，建立林业科教合作的基础，探寻林业合作的实际潜在合作方向和合作途径。研讨会内容主要分为“森林培育”“森林生态环境与保护”“森林资源监测与评估”“林业生物经济”“林业教育与培训”五个议题，通过召开研讨会加强了中国和中东欧国家在林业方面的沟通、交流，增进各国对林业合作领域的共识，建立了中国与中东欧国家林业科研和教育的合作基础，探讨林业合作的具体合作方向和合作途径。通过与会者的报告和讨论，分享了目前各国林业概况和发展历程与经验，明晰了彼此的科研重点和面临的主要问题并提出了合作建议，共同商讨合作前景，实现了专家和科研团队的对接。

会议上分享的一切关联信息和展示的渠道，将成为中国与中东欧国家开展林业合作的基础和桥梁，为中国与中东欧国家扩大森林资源、提高森林质量和促进生态系统功能服务、改善生态环境、增进人类福祉、落实《巴黎协议》《格拉斯哥气候协议》，共同应对气候变化、实现联合国可持续发展的目标做出应有的贡献。

2018年5月，塞尔维亚贝尔格莱德举行中国—中东欧国家林业合作协调机制第二次高级别会议暨中国—中东欧国家林业科研合作研讨会。会议由塞尔维亚农林水务部林业司负责人主持。来自塞尔维亚贝尔格莱德大学林学院、诺维萨德大学林业与环境保护研究所、斯洛文尼亚林业研究所、保加利亚林业大学、波黑巴尼亚卢卡大学林学院、阿尔巴尼亚旅游环境部旅游处等各中东欧国家林业科研机构的近40位科研代表出席了研讨会。各国代表分享交流了现有的合作资源情况和可行的合作途径，并就林业科研、教育和产业合作交换了意见。

2018年中国—中东欧国家“为了绿色未来的多目标森林经营——从科学到产业”特别活动在北京国家会议中心举行，此次特别活动为第四届世界人工林大会的分会活动之一。会议由国家林业和草原局国际合作司主持，来自中国和斯洛文尼亚、捷克、罗马尼亚、波兰等中东欧国家的30多位政府、林业高校、科研机构以及林业企业代表，出席了本次活动。该会议深入研讨了如何通过产学研紧密合作，促进多目标和可持续森林经营，携手打造绿色未来。通过深入研讨增进了与会各方在林业研究、教育及产业需求方面的相互了解，为推动今后在科学研究、学科建设和学生联合培养等方面的深入合作提供了良好的沟通机遇，对进一步推进中国—中东欧国家林业合作具有重要意义。

（四）中国—中东欧国家林业经贸投资合作稳步推进、成效显著

中国—中东欧国家贸易合作稳步增长，自2012年以来，双方进出口额已经由最初的516.08亿美元增长到2021年的1308.31亿美元，增长153.51%。2019年新型冠状病毒肺炎疫情发生后，各国进出口贸易影响严重，但是中国—中东欧国家进出口贸易总额2021年比2019年增长32.52%（图4-1）。

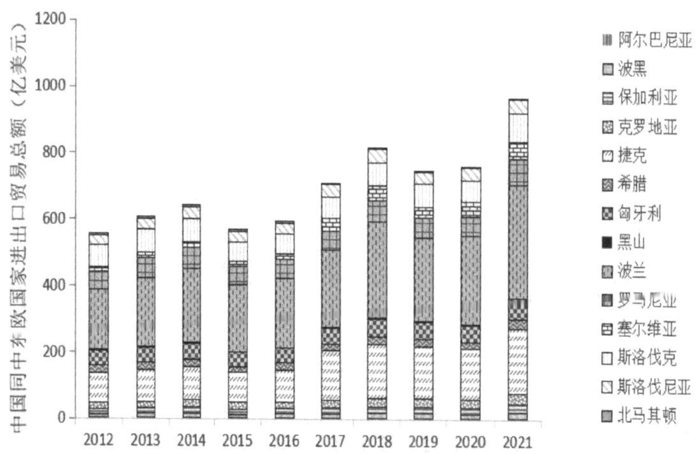

图4-1 中国—中东欧国家进出口贸易总额（2012—2021年）
（国家统计局）

中东欧国家森林资源丰富，部分国家森林覆盖率超过60%，拥有基础设施相对完善的传统林产工业加工基地，在劳动力成本和人员素质等方面具备优势，可与中国在林业领域实现优势互补。加速推动中国与中东欧国家林业经济贸易合作是实现中国林业更高水平对外开放的新抓手和发力点，同时也是对接“一带一路”倡议以及中东欧国家发展战略的重要领域。2016年，中国与中东欧各国企业代表、林业产业协会代表共同参加了中国—中东欧国家林业产业工商与投资研讨会。最后形成双方有关林业企业与贸易合作的建议，实现林业投资贸易合作模式创新，拓展双边合作重点领域，高度重视生态环境保护。

近年来，中东欧国家已成为中国林产品贸易重要合作伙伴。2016—2019年，中国与中东欧国家林产品贸易总额从13.7亿美元增长到24亿美元，年均增长20.5%。在“一带一路”倡议下，中东欧国家正在成为中国林业合作的重要伙伴，是林业企业投资的重要目标国家（表4-1）。

表4-1 中国—中东欧国家林业合作历年成果汇总时间

时间	地点	会议	林业合作内容
2012年4月26日	波兰华沙	第一次中国—中东欧国家领导人会晤	时任总理温家宝就推进中国和中东欧国家关系提出四项原则建议：第一，坚持相互尊重，平等相待，照顾彼此重大关切，深化政治互信；第二，着力加强经贸领域的务实合作；第三，加强人文交流，从战略高度重视青年往来和媒体交流；第四，共同为中欧关系发展注入新的活力
2013年11月26日	罗马尼亚布加勒斯特	第二次中国—中东欧国家领导人会晤	《中国—中东欧国家合作布加勒斯特纲要》指出，加强中国与中东欧国家在保护森林、湿地和野生动植物、发展绿色经济和生态文化方面的合作与交流
2014年12月16日	塞尔维亚贝尔格莱德	第三次中国—中东欧国家领导人会晤	《中国—中东欧国家合作贝尔格莱德纲要》指出，加强中国与中东欧国家在保护森林、湿地和野生动植物、发展绿色经济和生态文化方面的合作与交流，分享林业发展成功经验，增进理解，促进合作

（续表）

时间	地点	会议	林业合作内容
2015年11月24日	中国苏州	第四次中国—中东欧国家领导人会晤	《中国—中东欧国家合作苏州纲要》各与会国明确支持由斯洛文尼亚牵头组建中国—中东欧国家林业合作协调机制，并决定各与会国将于2016年5月在斯洛文尼亚召开第一次中国—中东欧国家高级别林业合作会议；制订《中国与中东欧国家合作中期规划》，该《规划》提出在2015—2020年，参与国将拓展合作渠道，鼓励全方位林业交流，支持建立中国—中东欧国家林业合作协调机制，并定期轮流在中国和中东欧国家举办中国—中东欧国家高级别林业合作会议
2016年11月5日	拉脱维亚里加	第五次中国—中东欧国家领导人会晤	《中国—中东欧国家合作里加纲要》指出，赞赏斯洛文尼亚牵头组建中国—中东欧国家林业合作协调机制。支持落实《中国—中东欧国家林业合作协调机制行动计划》，进一步加强中国和中东欧国家在森林可持续和多功能经营、林业科研教育、木材加工和林产品贸易领域的合作。支持定期举行中国—中东欧国家高级别林业合作会议
2017年10月2日	中国北京	中国—中东欧林业科研教育合作国际研讨会	来自中国和中东欧国家的政府部门、林业科研院所、林业高校、企业等近180位代表，就森林培育、森林生态、环境与保护、森林监测与评估、林业生物经济和林业教育与培训等5个议题交流了科研成果及进展
2017年11月27日	匈牙利布达佩斯	第六次中国—中东欧国家领导人会晤	《中国—中东欧国家合作布达佩斯纲要》指出，欢迎中国和中东欧国家林业学科带头人积极参与林业合作。各方期待早日正式开通中国—中东欧国家林业合作网站，为中国和中东欧国家在林业领域加深了解、促进合作搭建平台。 2018年在塞尔维亚举行第二次中国—中东欧国家林业合作高级别会议
2018年5月14日	塞尔维亚贝尔格莱德	第二次中国—中东欧国家林业合作高级别会议	与会各国代表围绕“21世纪的气候变化与林业”进行了深入探讨，通过了《关于森林与气候变化的声明》，并共同见证了中国—中东欧国家林业合作协调机制中英文网站（www.china-ceecforestry.org）的正式开通。同日，中国—中东欧国家林业合作协调机制联络小组第二次会议和中国—中东欧国家科研合作研讨会在贝尔格莱德召开，审议并通过了2018—2020年行动计划和合作内容

（续表）

时间	地点	会议	林业合作内容
2018年7月7日	保加利亚索菲亚	第七次中国—中东欧国家领导人会晤	《中国—中东欧国家合作索菲亚纲要》指出，各方赞赏塞尔维亚承办第二次中国—中东欧国家林业合作高级别会议，支持定期举行高级别会议，进一步加强中国与中东欧国家在林业科研教育、林业贸易投资等领域的合作。欢迎中东欧国家代表参加林业相关展会和活动，促进相互了解。
2019年4月12日	克罗地亚杜布罗夫尼克	第八次中国—中东欧国家领导人会晤	《中国—中东欧国家合作杜布罗夫尼克纲要》指出，与会各方将继续深化中国与中东欧国家在林业政府主管部门交往、科研、林业贸易投资等领域的合作。欢迎更多中国和中东欧大学与研究机构开展农业领域合作。支持2020年在中东欧国家举行第三次中国—中东欧国家林业合作高级别会议，推动中国与中东欧国家有关科研机构开展联合科研合作项目。感兴趣的各方鼓励在非木材林产品（森林水果、中草药、菌类等）等新兴领域开展合作，尤其是符合相关质量标准且在中国和中东欧国家市场具有进一步发展贸易潜力的产品
2021年2月9日	线上	第九次中国—中东欧国家领导人会晤	国家主席习近平在北京主持中国—中东欧国家领导人峰会并发表主旨讲话。峰会由中方倡议，中东欧国家领导人或高级别代表以及中国—中东欧国家合作观察员代表应邀出席。峰会发表了《2021年中国—中东欧国家合作北京活动计划》
2021年6月2日	线上	第三次中国—中东欧国家林业合作高级别会议召开	《中国—中东欧国家关于林业生物经济合作的北京声明》指出，中国和中东欧国家将进一步加强林业合作协调，为缓解气候变化、实现《联合国森林战略规划（2017—2030年）》全球森林目标和可持续发展目标作出贡献

第二节 中国—中东欧国家林业合作的近况

（一）中国—中东欧国家林产品贸易合作近况

依据《中国林业发展报告》、联合国粮食及农业组织（FAO）等规定，主要林产品有原木、锯材（包含特形材）、单板及人造板、薪材和木炭、木制品、木片、木质家具、纸类、非木质林产品、木浆和回收纸、纸和纸板等类别。相对应的HS编码的林产品分类如表4-2所示（WCO，1983）。

表4-2 林产品对应HS编码

HS编码	分类名称
44	木及木制品；木炭出口额
45	软木及软木制品出口额
46	稻草、秸秆、针茅或其他编结材料制品；篮筐及柳条编结品
47	木浆及其他纤维状纤维素浆；纸及纸板的废碎品
48	纸及纸板；纸浆、纸或纸板制品
49	书籍、报纸、印刷图画及其他印刷品；手稿、打字稿及设计图纸

对于中东欧国家林产品总体而言，出口量大于进口量，以原木、锯材、人造板为主要出口产品，纸与纸板、纸浆和薪材更多依靠进口。我国林产品需求量大，每年林产品进口额高达556.93亿美元，中东欧国家森林资源丰富，初级林产品出口量较大，与我国需求互补。

总体而言，由于中东欧多数国家木材工业技术落后，木材深加工能力较弱、资源利用率较低，难以生产具有竞争力的成品，大部分中东欧国家以原木和半成品形式出口，或者进口初级林产品，加工后再出口到其他国家。中东欧国家木材生产与加工各国差异较大，主要生产薪材、出口原木和锯材等，其中原木比重最大（表4-3、表4-4，图4-2）。其中波兰、捷克、罗马尼亚和斯洛伐克是传统的林业强国。家具制造也是中东欧国家木材加工的一个重要产业，特别是波兰、保加利亚等国。波兰作为该地区的林业大国，林产品进出口总额高居第一，目前是世界上居中国、意大利和德国之后的第四大家具生产国。

根据中东欧国家林产品贸易的具体种类，可以结合我国林业生产的特点，充分发挥中东欧国家出口原木、锯材的特点，逐步推进与中东欧国家的木材贸易；鉴于家具业在中东欧国家发展的巨大潜力优势，综合利用他们的木材、锯材出口特点，考虑开展与中东欧国家家具生产方面的合作，这样既节约了木材进出口的成本，也减少了不必要的运输费用，达到双赢的目的。

表4-3 中国—中东欧国家主要林产品进出口贸易额

单位：万美元

国家/地区	HS编码					
	44	45	46	47	48	49
中国	4285195.46	8843.39	216211.82	2037757.94	3299388.08	672695.16
阿尔巴尼亚	581.1	0.45	1.53	0	587.43	26.02
保加利亚	3577.38	5	395.24	0	1839.34	166.59
波黑	3601.78	0	0	0	71.2	6.89
波兰	30591.84	124.36	5423.85	0.37	18066.82	2099.35
黑山	127.77	0	19.75	0	37.19	4
捷克	29035.65	1.44	275.62	14911.24	3769.34	691.84
克罗地亚	6074.32	0.46	165.56	97.39	1603.89	114.04
罗马尼亚	29564.72	10.92	182.35	0.15	4498.62	1543.9
北马其顿	53.4	0	4.45	0	147.9	11.46
塞尔维亚	5808.09	0.25	7.93	0	618.72	47.36
斯洛伐克	14235.5	6.98	318.93	0	317.97	60.39
斯洛文尼亚	5246.99	1.69	381.72	154.59	4176.98	263.6
希腊	3342.29	18.77	1441.61	0	7281.13	842.45
匈牙利	1730.89	5.88	520.83	0	3011.27	404.65

注：中华人民共和国海关总署，2022。

表4-4 中国主要林产品进出口贸易额

单位：万美元

HS编码	2021年出口额	2021年进口额	2021年进出口额	中东欧占中国主要林产品进出口贸易额比例
44	1861300	2423900	4285200	3.12%
45	4000	4800	8800	2.00%
46	214200	2000	216200	4.23%
47	18900	2018800	2037700	0.74%
48	2416500	882800	3299300	1.40%
49	435800	236900	672700	0.93%
林产品贸易总额	4950800	5569300	10520100	2.00%

注：中华人民共和国海关总署，2022。

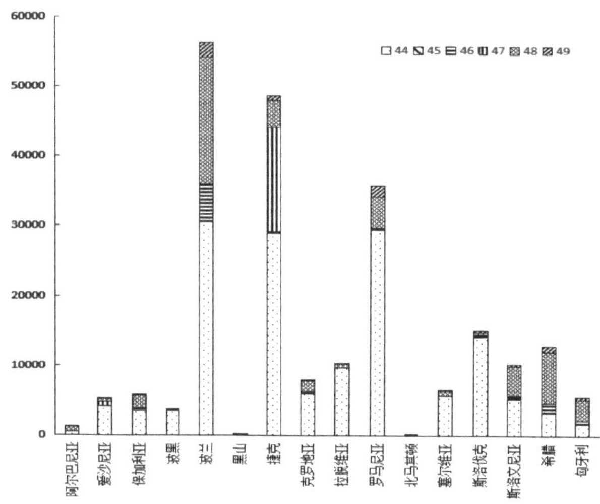

图4-2 中东欧国家主要林产品贸易额（中华人民共和国海关总署，2022）

中东欧国家木材加工制品出口以欧洲市场为主，且以周边的芬兰、瑞典、丹麦、德国、挪威、意大利等发达国家为主要贸易伙伴，日本是欧洲之外最主要的出口地。保加利亚和波兰家具不但出口到欧洲市场，还多行销到东南亚国家和东亚国家，包括中国。受欧元贬值、资金短缺、中国林产品出口价格走高等原因的影响，不少欧盟企业将目光转向中东欧地区，促使中东欧人造板、家具等产品出口量、价齐增（图4-3）。

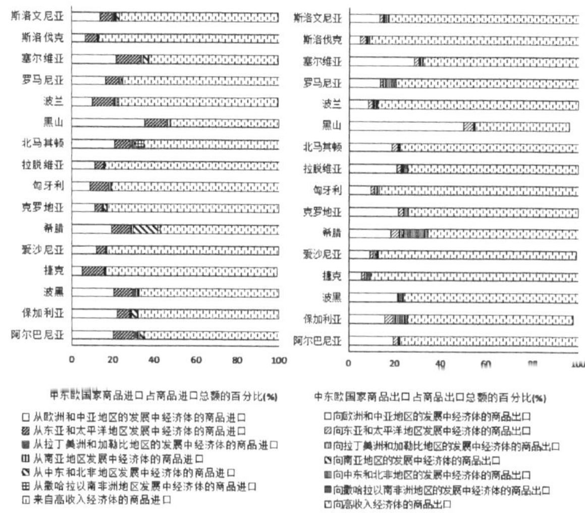

图4-3 中东欧国家商品进出口流向分布

（世界银行，2020）

从2021年海关数据来看，我国主要与波兰、捷克、匈牙利、希腊、斯洛伐克、罗马尼亚之间商业贸易活动往来密切，各国月商品贸易额较为平均，5～11月进出口贸易额稍高，12月至翌年4月进出口贸易额稍低。其中，我国与波兰之间的贸易额最高，为4211989万美元，双方林产品贸易额仅占总贸易额的1.81%。我国与阿尔巴尼亚、北马其顿、波黑、黑山国家间的商品贸易活动较少，年商品贸易额均低于80000万美元；其中与黑山的年贸易额仅10746万美元。虽然波黑同我国的商业贸易较少，但是其林产品贸易额占双方总贸易额的13.39%；而匈牙利虽然与我国贸易往来相对频繁，但其林产品贸易仅占总值的0.36%，位居最末（表4-5，图4-4、图4-5）。

表4-5 中国—中东欧国家林产品进出口贸易情况

单位：万美元

国家	2021年进出口总额	2021年林产品进出口额	2020年进出口总额	2020年林产品进出口额
阿尔巴尼亚	75582	1195	65235	1265
保加利亚	410984	5977	291807	4113
波黑	27469	3680	19279	2594
波兰	4211989	56290	3105118	41988
黑山	10746	189	17055	246
捷克	2116163	48685	1887123	58027
克罗地亚	231683	8056	170433	5213
罗马尼亚	1021572	35801	776481	28506
北马其顿	59022	217	38393	200
塞尔维亚	322720	6482	212252	4520
斯洛伐克	1209254	14940	946263	4741
斯洛文尼亚	599516	10226	396088	7180
希腊	1215304	12926	781048	9324
匈牙利	1570772	5674	1168662	3922
中国	582482700	10520091.85	465591300	8635653

注：中华人民共和国海关总署，2022。

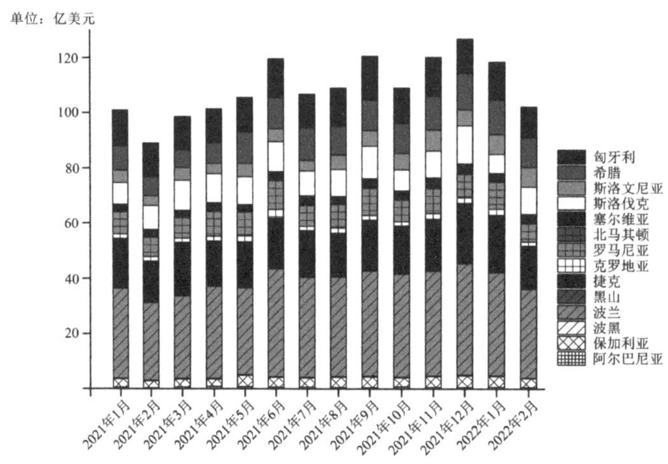

图4-4 中东欧国家商品2021年1月至2022年4月进出口贸易额（万美元）
（中华人民共和国海关总署，2022）

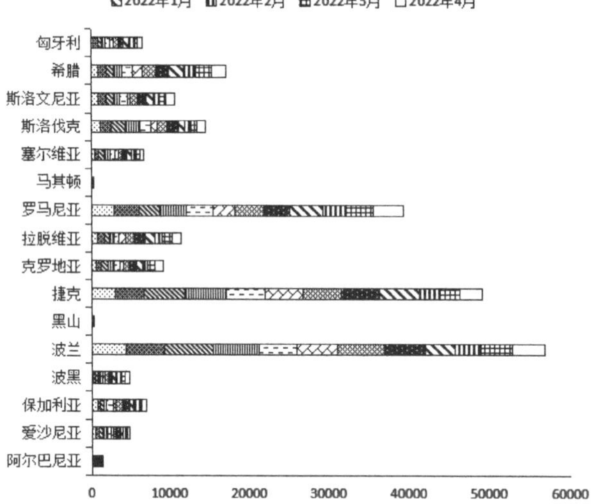

图4-5 中东欧国家林产品2021年4月至2022年4月进出口贸易额（万美元）
（中华人民共和国海关总署，2022）

2020年，中国与中东欧国家的进出口贸易总额为908.15亿美元，同比增长8.71%。其中，中国对中东欧国家的出口总额为722.18亿美元，同比增长7.91%；中国从中东欧国家的进口额为265.04亿美元，同比增长10.94%。

2021年中国与中东欧国家的进出口贸易总额达1151.19亿美元，首次突破千亿美元大关，同比增长16.61%。其中，中国对中东欧国家的出口总额为870.623亿美元，同比增长20.55%，中国从中东欧国家的进口额为280.56亿美元，同比增长5.86%（表4-6，图4-6）。

表4-6 2012—2021年中国与中东欧国家的商品贸易概况

年份	2012	2013	2014	2015	2016	2017	2018	2019	2020	2021
进出口总额（亿美元）	516.0797	541.5291	600.932	568.4561	593.5083	687.1033	875.3157	908.1495	987.2237	1151.1914
同比（%）	-2.99	4.93	10.97	-5.40	4.41	15.77	27.39	3.75	8.71	16.61
出口总额（亿美元）	382.199	395.6835	437.6903	427.7145	321.6731	504.788	617.2069	669.2439	722.1834	870.627
同比（%）	-5.52	3.53	10.62	-2.28	-24.79	56.93	22.27	8.43	7.91	20.55
占比（%）	74.06	73.07	72.84	75.24	54.20	73.47	70.51	73.69	73.15	75.63
进口总额（亿美元）	133.8808	135.1157	163.2687	140.7415	271.8352	182.3151	258.1088	238.9056	265.04	280.5643
同比（%）	5.05	0.92	20.84	-13.80	93.15	-32.93	41.57	-7.44	10.94	5.86

图4-6 2016—2020年中国与中东欧国家商品进出口总额及增速
（中华人民共和国海关总署，2022）

（二）中国—中东欧国家林业科研教育合作进展

中东欧国家在林业科研、教育等方面均设立了林业相关专业的高等教育、研究生教育、博士教育（表4-7）。其中罗马尼亚的林业高等教育体系可以追溯到1880年，并且设有不同层次的教育机构；波兰对林业人才的培养较为重视，由国家负责林业基础教育。波兰林业研究中的特色领域是露天油页岩矿的植被恢复问题，其欧洲林业科学硕士培养项目，对波罗的海地区的可持续林业、寒带森林（针叶林和阔叶林）的生态学和多用途利用以及国家、区域或全球水平的森林政策的研究较为领先。

中东欧国家森林资源丰富，研究领域涉及森林管理和培育、造林、林木育种、森林保护、水土保持与防洪等多个方面，如波兰在森林抚育和更新、森林病虫害及其防治、土地利用、森林土壤碳固定、生态学、森林保护等方面的研究取得了丰硕的成果，其克拉科夫农业大学林学院积极开展国际合作，与波兰国内和国外众多大学和研究机构建立合作关系，包括奥地利、加拿大、德国、意大利、日本、荷兰、挪威、斯洛伐克、西班牙、瑞典、美国、芬兰等；罗马尼亚的农林科学研究院在生物多样性保护、农田防风固沙林、树木改良和更新、木材加工利用等方面的研究卓有成效。该院还与法国、美国以及联合国粮农组织开展合作研究；塞尔维亚林业研究所成功实施了新造森林和改造现有林，在露天采煤层等退化土地进行垦复和园林绿化，极端困难立地造林，水土流失控制，城市森林多功能化，空间规划，森林政策，引进苗木生产和育种新技术，森林抚育和保护等方面进行了研究工作。

表4-7 中东欧国家林业科研教育机构（江泽平 等，2018）

国家	科研教育机构	相关优势研究领域
阿尔巴尼亚	地拉那农业大学	农学园艺与植物保护、经济和农业政策、农业环境与生态水果和蔬菜、林业工程、木材加工及兽医等
	国家环境局	监测森林状况、生物多样性、水土保持等方面的动态研究
保加利亚	索非亚林业大学	林业、木工和家具行业、工程设计、生态与环境保护、景观建筑、农业、兽医、非大众型旅游（alternative tourism）
波黑	Banja Luka大学林学院	林业与木材加工
	Sarajevo大学林学院	林业和园艺
	Dihac大学生物技术学院	林业
	农学院林业系	林业
	林业局、农业部、生态和能源部门	造林、森林保护、森林生物多样性分析、森林遗传学、森林政策和经济学、森林管理规划、可再生能源
	环境专家协会（民间组织）	国家的环境影响评价

（续表）

国家	科研教育机构	相关优势研究领域
波兰	华沙生命科学大学林学系	林学
	波兹南生命科学学院林业学院	气候变化、生物学、森林条件、造林、森林保护、木材生产、林业经济学
	克拉科夫农业大学林学院	森林经营、林业科学
	国家林业总局	研究课题涉及气候变化、森林生物状况、森林培育、森林保护、木材生产、林业经济等
	波兰林业研究所	立木种子、种苗、农田造林、森林抚育和更新、森林病虫害及其防治、土地利用、森林土壤碳固定、生态学、森林保护等
	波兰木材科学技术研究所	木材研究、木材可再生能源
	波兰纤维板研发中心	—
黑山	黑山大学生物技术学院	森林系
	黑山林业研究所	—
捷克	捷克生命科学大学（布拉格）林业与木材科学学院	林学，林业经济管理服务，营林作业和猎物管理，自然产品的保育和衍生，木工技术，木材加工贸易、森林工程，木材工程、森林生物学，森林经营，造林，森林保护和猎物管理，木材加工机械等
	布尔诺门德尔大学林业与木材技术学院	—
	森林管理协会	森林发展区域规划，制定和执行管理森林资源清查条例
	林业和狩猎管理研究所	林木生物学和繁殖、森林生态、森林抚育、森林保护、森林政治与经济
	森林生态系统研究所（私营研究机构）	负责来自世界各地的项目、从事绘图技术领域的开发和销售

（续表）

国家	科研教育机构	相关优势研究领域
克罗地亚	萨格勒布大学林学院	自然更新，森林生态系统的组成、结构和动态监测，森林经理效果，森林病虫害调查，野生生物管理
	克罗地亚林业研究所	森林生态系统研究领域成绩卓著。进行林木和灌木分子遗传学、国际种源试验、森林状态监测等项目的国际合作
	克罗地亚农业部	—
	克罗地亚林业公司（国营企业）	—
	克罗地亚林学会	克罗地亚林学会
	皇家农业学院	科学林业专业出版物*Šumarski list*（*Journal of Forestry*）
	克罗地亚林业和木材工程师协会	工程师培训和资格认定，审批山林承包商的相关资料
	克罗地亚科学艺术院农林委员会	草本生产、畜牧组、农产品加工和生物技术组、农业管理、林业、森林
罗马尼亚	Transilvania大学造林与森林工程学院	营林学、营林与森林工程、林业遥感、森林野生动植物、环境保护以及森林地籍
	布加勒斯特农业科学和兽医学院与农学院	
	Ştefancel Mare大学林学院	
	克鲁日纳波卡大学农业科学与兽医学院、林学院	
	蒂米什瓦拉巴马特大学的农业科学与兽医学院、园艺与营林学院	
	克拉约瓦大学园艺学院	
	奥拉迪亚大学环境保护学院	
	农林科学研究院	—
	林业研究管理所	森林经营管理、林业生态、林业生理生态、森林土壤、林木遗传、森林经理、林业地理信息
北马其顿	圣基里尔麦托迪大学	植物与树木学系、林木遗传改良、种子科学与林分系、造林系、森林和木材保护系、狩猎管理系、木材技术与经营系、土地与水资源系、林业经济和组织系、森林管理系、景观设计学系

（续表）

国家	科研教育机构	相关优势研究领域
塞尔维亚	贝尔格莱德大学林学院	林业、技术、管理和家具、木制品、景观建筑与园艺、水土保持
	诺维萨德大学低地林业与环境研究所	杨树人工林，短轮伐期矮林，气候变化的影响、适应和减缓，天然林，森林生态系统监测
	诺维萨德大学低地林业与环境研究所	可再生能源
	塞尔维亚林业研究所	法律以及空间规划的起草和通过、中长期环境保护发展规划
斯洛伐克	斯洛伐克技术大学林学院 班斯卡，什佳夫尼察林业学校 利普托斯基林业学校 普雷绍夫林业学校 林业技术学校 特尔夫多辛林业职业技术学校 联合职业技术学校	林业、森林生态学、应用动物学和狩猎管理、地理信息学与林业测绘技术、林业企业管理与财务、森林经营、森林植物学、营林与森林保护、林业生产技术、应用动物学与狩猎管理
	国家林业中心	森林规划、森林清查与监测、森林情报学、森林地图测绘等高质量研究和林业咨询、公共教育和林业专业培训
	斯洛伐克国家林业中心是欧洲森林研究所	欧洲科技合作活动（COST）以及欧盟框架项目
	斯洛伐克科学院森林生态研究所	国际科技学术组织的成员
斯洛文尼亚	卢布尔雅那大学	林业和可再生资源、木材科学和技术
	马里博尔大学	果树栽培
	斯洛文尼亚林业研究所	森林生态、森林生理学与遗传学、森林保护与森林动物群、森林工艺与经济、森林经营与景观研究、森林生长和森林学、森林信息学
	斯洛文尼亚科学艺术院科研中心	—
	斯洛文尼亚纸浆和纸研究所	—
希腊	塞萨洛尼基亚里士多德大学	林业与自然环境学院

（续表）

国家	科研教育机构	相关优势研究领域
匈牙利	西匈牙利大学林学院	森林生态系统、森林管理的自然和经济条件、不断变化的环境影响评价（例如气候变化）、大自然保护、野生动物生物学、野生动物管理、林木生理过程的分子基础、林木化学等
	林业研究所	气候变化及其潜在的影响因子、改进基于自然过程的管理方法、发展自然造林方法与能源种植园的建立和利用等

（三）中国—中东欧国家直接投资合作进展

近五年，中国对中东欧国家的年度直接投资流量波动较大。自2017年起，投资规模基本维持在3亿美元以上，2020年达5.66亿美元，较2019年的投资流量规模有所增加（表4-8，图4-7）。

表4-8 中国对中东欧国家年度直接投资额

单位：亿美元

国家	2011年	2012年	2013年	2014年	2015年	2016年	2017年	2018年	2019年	2020年	总计
阿尔巴尼亚	—	0.00	0.01	—	—	0.00	0.00	0.02	0.01	0.00	0.03
保加利亚	0.54	0.54	0.21	0.20	0.59	-0.15	0.89	-0.02	0.02	0.01	2.84
北马其顿	—	0.00	—	—	0.00	—	—	0.02	-0.13	-0.04	-0.16
波黑	0.00	0.00	0.00	0.00	0.00	0.00	0.00	0.00	0.00	0.00	0.00
波兰	0.49	0.08	0.18	0.44	0.25	-0.24	-0.04	1.18	1.12	1.43	4.87
黑山	—	—	—	—	—	—	0.17	0.13	0.23	0.67	1.19
捷克	0.09	0.18	0.18	0.02	-0.17	0.02	0.73	1.13	0.61	0.53	3.31
克罗地亚	0.00	0.00	—	0.04	—	0.00	0.32	0.22	0.29	1.54	2.41
罗马尼亚	0.00	0.25	0.02	0.42	0.63	0.16	0.16	0.02	0.84	0.13	2.64
塞尔维亚	0.00	0.02	0.12	0.12	0.08	0.31	0.79	1.53	0.34	1.39	4.69
斯洛伐克	0.06	0.02	0.00	0.46	—	—	0.01	0.15	-0.01	0.00	0.69
总计	1.18	1.09	0.72	1.7	1.38	0.1	3.03	4.38	3.32	5.66	

注：资料来源于中华人民共和国商务部，2022。

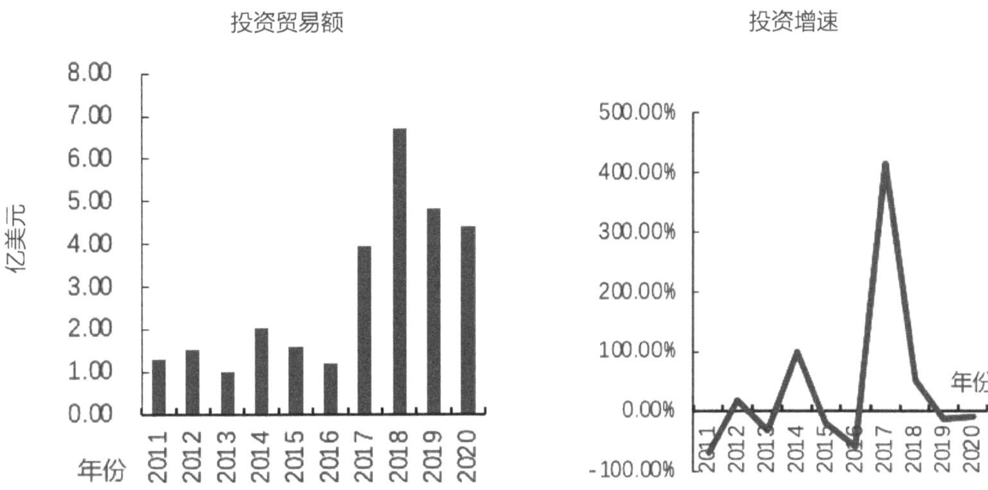

图4-7 2015—2020年中国对中东欧国家直接投资流量及增速
（中华人民共和国商务部，2022）

截至2021年底，中东欧国家中有10个国家对中国有直接投资（表4-9，图4-8）。其中，匈牙利、捷克、罗马尼亚、波兰、希腊是中东欧国家中对中国的前五大投资国，该五国对中国的投资存量总计达12.56亿美元，占同期中东欧国家对中国投资的80.3%。

表4-9 2012—2021年中东欧国家对中国的直接投资流量

单位：万美元

国家	2012年	2013年	2014年	2015年	2016年	2017年	2018年	2019年	2020年	2021年	总计
匈牙利	615	311	45	317	325	148	131	2189	695	720	6085
捷克	2071	1099	3371	1627	1148	797	421	167	101	408	11534
罗马尼亚	456	135	21	—	204	711	272	396	743	202	3455
波兰	357	155	219	8277	585	289	247	1286	453	444	12569
希腊	140	158	147	7	9	85	126	619	5	13	1511
斯洛伐克	429	845	360	1071	66	44	2877	110	2	—	6290
保加利亚	747	165	219	14	133	9	66	141	77	52	3012
斯洛文尼亚	269	86	6	3	55	37	421	1160	4125	1023	6572

（续表）

国家	2012年	2013年	2014年	2015年	2016年	2017年	2018年	2019年	2020年	2021年	总计
克罗地亚	289	21	2	10	37	—	615	—	—	17	989
波黑	—	0	—	—	—	—	—	—	—	—	0
塞尔维亚	—	—	—	—	—	—	—	—	4	1	5
总计	5373	2975	4390	11326	2562	2120	5176	6068	6201	2880	—

注：资料来源于国家统计局，2023。

第二篇

中国—中东欧国家林业合作的重点领域

中国—中东欧国家合作机制自2012年运行以来，已初步搭建起一个多层级、全方位的网状交流与合作平台，形成了中央与地方相结合、官方与民间相补充，政治、经济、文化等多管齐下的交流合作方式（刘作奎，2020）。在“一带一路”倡议的强力推动之下，中国与中东欧国家在经贸、金融、基础设施建设等领域取得丰富成果，达成了一系列的合作纲要和规划。其中，加强林业合作是共建绿色“一带一路”的主要抓手，也是双方开展多层次、宽领域合作的亮点。当前，国际局势风云变幻，世界各国正经历百年未有之大变局，国际合作面临诸多挑战。在这样的背景下，双方应重点着眼于“软机制”的建设，将合作重点集中在各方共识多、敏感度低、可操作性强、见效快的领域，积极稳妥地推进中国—中东欧国家合作走深走实。

回顾中国—中东欧国家林业合作协调机制，双方在林业教育合作、林业科研合作、林产品经贸合作方面的探索最为成熟，本篇在分析中国—中东欧国家林业合作的宏观环境、机遇与挑战的基础上，以专题形式分别展示了2个中国—中东欧国家林业合作最成熟的领域，即中国—中东欧国家林业科研合作和中国—中东欧国家林业经贸合作的情况。

第五章
中国—中东欧国家林业合作的宏观环境与战略决策分析

当前，世界之变、时代之变、历史之变正以前所未有的方式展开，全球正面临气候变化、生态环境恶化、生物多样性丧失等多重治理挑战，拓展林业国际合作空间，凝聚国际森林问题共识，推动全球生态环境治理，构建人类命运共同体是破解上述棘手问题的重要路径。中国与中东欧国家林业合作一直是中国—中东欧国家合作的重要领域和中国—欧盟关系的重要组成部分。特别是在共同应对全球气候变暖、改善全球环境治理等方向上，中国与中东欧国家乃至整个欧洲之间共同利益的公约数在不断扩大。推进中国与中东欧国家林业合作，不仅丰富了中国—中东欧国家合作机制的内容，而且还能为建设绿色“一带一路”提供支撑。为更好地推动中国—中东欧国家的林业合作，分析各方合作的宏观环境，发挥各自的比较优势，抓住历史机遇，切实推动中国—中东欧国家林业合作走深走实。本章借用发展战略研究领域广为应用的PEST、SWOT分析方法，分析中国与中东欧国家林业合作的环境、机遇与挑战。具体来看，先从政治环境（political）、经济环境（economic）、社会文化环境（social）和技术环境（technological）四个方面分析中国与中东欧国家林业合作的宏观外部环境；然后立足于国内，分析中国与中东欧国家林业合作的优势（strength）、劣势（weakness）、机会（opportunity）和威胁（threats）；最后综合以上分析的结论，探讨了中国与中东欧国家林业合作的战略途径。

第一节 中国—中东欧国家林业合作的PEST分析

（一）政治环境（political）

（1）中国与中东欧国家林业合作的机制平台不断成熟

中国—中东欧国家林业合作是2012年中国—中东欧国家合作机制提出后最早达成合作意向的重要分支领域之一。2013年《中国—中东欧国家合作布加勒斯特纲要》中就提出“加强中国与中东欧国家在保护森林、湿地和野生动植物、发展绿色经济和生态文化方面的合作与交流”。2014年的《中国—中东欧国家合作贝尔格莱德纲要》进一步强化的合作的公式，提出各方要“分享林业发展成功经验，增加理解，促进合作”。2015年各方共同发布的《中国—中东欧国家合作中期规划》中，林业合作的空间扩大到“全方位的林业交流”，并提出建立中国—中东欧国家林业合作协调机制，定期轮流举办高级别林业合作会议。该项提议在2015的《中国—中东欧国家合作苏州纲要》中得以明确落实：“支持斯洛文尼亚牵头组建中国—中东欧国家林业合作协调机制。”2016年，首次中国—中东欧国家林业合作高级别会议在斯洛文尼亚召开，会上还制订了《中国—中东欧国家林业合作协调机制行动计划》，明确要“进一步加强中国和中东欧国家在森林可持续经营和多功能经营、林业科研教育、木材加工和林产品贸易领域的合作”。此后，中国与中东欧国家林业合作协调机制与平台日渐完善，各方国家林业主管部门高级别互访频繁、交流密切，中国与斯洛文尼亚、塞尔维亚等中东欧国家相继签定了林业合作协议或林业合作谅解备忘录。一系列合作纲要、协定和备忘录的签署，为双方深入开展林业合作提供了法律基础，指明了合作的方向。

（2）中国与中东欧国家林业合作的政策目标日趋一致

工业革命以来，人类社会与自然资源之间的紧张关系不断凸显，生态系统破坏、环境污染、气候变化等全球性危机愈演愈烈。随着全球一体化进程加速，世界各国更加紧密地联系在一起，成为不可分割的整体，绿色和可持续发展理念成为各国发展的首要原则。气候变化是当今最大挑战之一，包括中国和中东欧国家在内的所有国家都受到气候变化的不利影响。在过去三十年中，中东欧国家一直在减少温室气体排放，特别是中东欧中的欧盟成员国积极践行气候目标。根据欧盟整体目标及相关文件，其转型的关键领域在于可再生能源、绿色建筑和绿色交通，而中东欧国家绿色转型将围绕淘汰化石能源、开发可再生能源和扶持绿色产业。森林生态系统被公认为是应对全球气候变暖、缓解生态危机的关键，推行森林可持续经营和有序的国际森林治理体系是世界各国的共同利益所在。中国和中东欧国家森林管理体制和产权安排等类似，近年来在森林可持续经营方面均取得了不少成就，掌握较为先进的经营理念和技术。双方可借助林业合作的机制和平台，相互交流和学习，取长补短，形成区域性的互补优势，推动全球森林治理，共同应对全球性危机的挑战。总体来看，各方一致认同推动绿色低碳循环发展，是实现可持续发展的必然选择。加强跨国家、跨部门的合作，推动可持续森林经营，是共同应对气候变化、生态环境危机等全球性问题重要途径，中国与中东欧国家各方在森林资源管理方面各有特点和优势，强化各方林业合作是各国的共同利益所在。

（3）中国与中东欧国家林业合作的发展战略相向而行

当前，中国—中东欧国家合作机制成员国中有一半以上已加入欧盟，其余的国家也不同程度地启动了入盟进程，中东欧国家制度、体制和政局逐步稳定。同时，中国逐渐成长为全球第二大经济体和最大的发展中国家，同属发展中国家的中东欧国家纷纷采取主动、灵活的外向型经济政策，提出“向东开放”“Go China”等发展战略。在国家发展战略方面，新一届欧盟委员会发布《欧洲绿色协议》（以下简称“绿色新政”），提出到2050年在全球范围内率先实现碳中和，发出了强烈的绿色低碳转型信号，引起了世界各国高度关注。中国则几乎同步提出了“碳达峰”“碳中和”的重大战略决策，并发布了《“一带一路”绿色发展伙伴关系倡议》《中共中央国务院关于完整准确全面贯彻新发展理念做好碳达峰碳中和工作的意见》等重要政策文件，进一步提高了对外开放绿色低碳发展的水平，为中国与中东欧各国凝聚共识、携手同行，继续深入发掘合作机制潜能，推动应对气候变化与保护生物多样性协同治理和深化绿色领域务实合作奠定了基础。可以说欧盟“绿色新政”与我国提出的生态文明建设、绿色高质量发展思想一脉相承，有许多共同之处，各方国际林业合作的发展战略相向而行。

（二）经济环境（economic）

经济环境是中国—中东欧国家合作的基础条件之一，只有互惠互利的合作才能持续长久。中国与中东欧国家在林业领域开展合作的供需匹配程度较高。中国是全球第一大木材进口国、第二大木材消耗国，木材年均缺口达1亿立方米以上，进口原木超过全球贸易量的1/3（顾仲阳，2023）。可见，中国对木材的需求量巨大，在建筑业、家具制造、包装材料等行业对木材的需求一直稳步增长。中东欧国家拥有丰富的森林资源，且在林业领域拥有技术和经验，为木材生产和出口提供了有利条件，中国与中东欧国家林业合作能够实现资源互补。此外，相较欧洲其他地方，中东欧国家作为新兴市场，在林业生物质能源、绿色投资等领域潜力巨大。中东欧国家可以吸引中国的投资和合作，与中国形成优势互补，共同开发林业项目，开展木材加工厂、生态旅游和绿色技术合作，这可以进一步推动各国经济社会发展，也有助于促进欧洲一体化进程。

（三）社会文化环境（social）

中东欧国家是最早一批与新中国建交的国家，中国与中东欧国家的人民之间有着深厚的传统友谊，中国与中东欧国家虽然地理距离相隔遥远，但各国人民的心理距离很近。近年来，中国同中东欧国家之间的人文交流不断加强，人民之间相互了解的程度跃升到了新高度，双方合作有着坚实的民意基础。截至2023年，中国同中东欧国家结对的友好省州、城市已有212对。希腊、保加利亚、克罗地亚等中东欧多国已成为中国公民出境旅游目的地国，其中塞尔维亚、波黑和阿尔巴尼亚更是允许持普通护照的中国公民免签入境。据新型冠状病毒肺炎疫情前的数据显示，2019年中国赴中东欧国家旅游人数，由2013年的45.8万人次增长到216.55万人次，增幅达到373%。此外，中东欧国家均开设有孔子学院，中文也成为中东欧大学里的热门课，匈牙利在国内设立母语和汉语双语教学，罗马尼亚还将汉语列入中小学教学大纲。中国与中东欧国家各方的智库交流也进入了历史活跃时期，交流的层次、规模、深度、广度均达到历史最高水平。截至2023年，在中国已经成立了40多家涉中东欧研究的智库。中国林业科学研究院、北京林业大学等林业院校、科研院所都与中东欧国家各教育科研机构建立了紧密的合作联系，中国—中东欧国家在林业科研教育领域的合作成为巩固合作机制的先锋和亮点。

近年来，随着中国和中东欧关系的不断发展，双方对语言人才的需求日益增加，中国出现了“中东欧语言热”，而中东欧国家也出现了“汉语热”，语言本身就是文化的一个组成部分，这为促进双方的文化交流打下了基础。双方留学生相互交流与联合培养数量连续增加，留学生被称为“文化使者”，他们往往将留学所在国的文化带回本国。因此，随着中国和中东欧国家互派留学生数量的不断增加，双方的社会文化关系将更加亲密。双方的交流合作将增进中东欧公众对中国文化、价值观的了解和认同，消除各国公众在意识形态方面的偏见，增强中国对中东欧的文化影响力。

（四）技术环境（technology）

截至2023年，中东欧地区已有50多位诺贝尔奖获得者，中东欧国家的教育质量和创新水平较高。加入欧盟的中东欧国家，完全对接欧盟的森林管理和经营标准，且已与西欧、北欧其他欧洲国家有着长期的科研和技术合作关系。近年来，欧洲发达国家的先进林业技术纷纷随着资本转移到新兴的中东欧国家，大大增加了中东欧国家的技术资本积累，提高了知识资本的竞争优势。在森林管理领域，欧洲是森林经营与管理思想创新的重要发源地，中东欧国家承接欧盟的森林经营与管理技术后，在森林开发、木材加工、绿色经济等方面相对中国具有比较优势。而中国近年来在研究与开发（research development, R&D）投资的规模和强度迅速增加，技术水平和创新能力逐渐提高，已具备了较强的科技实力和核心竞争力。因而，加强中国与中东欧国家的林业合作，促进林业技术的转移和交换，符合双方利益。

第二节 中国—中东欧国家林业合作的SWOT分析

中国与中东欧国家开展林业合作具有重要的战略意义，要实现持续长久的稳定合作，需要发挥各方比较优势，利用各方资源条件，来达成互惠互利、合作共赢的目标。尽管中国与中东欧国家林业合作潜力巨大，但也伴随一系列挑战和风险。为了更全面地评估这一合作的潜力和可行性，我们将采用SWOT分析模型，对中国与中东欧国家林业合作的内部和外部因素进行全面审视。这将有助于确定如何最大程度地发挥合作的优势，克服劣势，抓住机会，同时应对潜在威胁，从而实现可持续的合作关系和共同发展。本节内容将详细研究合作的各个方面，以便更好地理解中国—中东欧国家林业合作的潜力和局限性。

（一）优势（strengths）

（1）中国林业在全球气候治理中的地位持续提高

面对环境污染严重、生态系统退化、资源约束趋紧的严峻形势，以习近平同志为核心的党中央遵循发展规律，顺应人民期待，彰显执政担当，将建设生态文明、推进绿色发展视为关系人民福祉、关乎民族未来的长远大计，融入治国理政宏伟蓝图。无论大江南北，国内国外，习近平总书记走到哪里，就把建设生态文明、保护生态环境的观念讲到哪里，生态文明理念深入人心。从顶层设计到全面部署，从最严格的制度到更严厉的法治，生态文明建设扎实有序推进，越来越多的人深刻认识到：保护与发展并不矛盾，青山和金山可以“双赢”。在国际上，中国的林业也为改善全球气候与环境问题做出历史性的突出贡献。中国向国际社会宣布了低碳发展“双碳”目标，2030年前碳排放达到峰值，2060年前实现净零碳排放即碳中和。作为负责任的发展中大国，中国积极承担应有的责任，倡导并推动各国携手应对生态危机、努力实现绿色发展、共同守护地球家园，得到国际社会广泛认同和赞赏。可以看到，无论国际还是国内，中国林业的影响力和重要性正逐步上升，这为中国林业国际合作打下了坚实的基础。

（2）中国在生态文明建设和林业科技合作方面经验丰富

中东欧国家的森林资源较为丰富，林业产业发展的需求旺盛。中国是世界林产品生产和贸易大国，在全球林产品贸易中举足轻重。我国可以通过林业产业的对外直接投资，输出我国劳动力密集型林业产业或资本密集型林业产业的劳动力密集区段，有助于国内木材加工、林业机械制造等优质产能向外转移，推动我国林业产业转型升级。此外，我国林业在生态建设和保护方面具有丰富的实践经验。政府先后启动了天然林保护、野生动植物保护与自然保护区建设、退耕还林等16项重点生态保护与修复工程。这些生态保护和建设实践取得了举世瞩目的成效，特别是防沙治沙世界领先，我国可与中东欧国家在生态治理领域深入开展技术援助、示范基地或项目的合作。

（3）中国林业科研和高等教育的影响力不断提升

一方面，经过60多年的发展，我国建成了世界上最大规模的林业高等教育体系，林业院校的整体质量和国际影响力不断提升。截至2015年，全国农林类本科专业共有27种，专业布点824个，涉林学科涵盖林学、林业工程、风景园林学、生物学、生态学、农业资源与利用、农林经济管理等7个一级学科。数据表明2011—2015年，涉林高校、科研院所共培养涉林专业本科生19万人、研究生3.7万人、高职学生13.9万人。多所涉林高校和科研机构的植物与动物科学等领域的SCI论文数量进入ESI排名前1%。西北农林科技大学、北京林业大学两所大学进入QS大学农学、林学学科世界前150名，且排名逐年提升。中国林业院校国际影响力的提升，具备了推动中东欧国家林业教育合作的条件（中国绿色时报，2017）。另一方面，中东欧国家加入欧盟后，作为西欧和北欧林业发达国家的技术转移承接地区，林业高校的实力相对较强。当前中东欧国家林业专业多以培养林业工程、木材加工等实用科技人才为主，并且由于资金不足，在基础理论研究上投入较少，科研水平相对薄弱。但从长远来看，随着世界经济形势的变化，科学技术的更大发展，理论性研究人才的作用将会越来越重要。对中国而言，在林业基础理论上的投入一直加速增长，科研水平已经赶上国际先进水平，但在应用型人才培养方面还不太理想。因而中国与中东欧国家加强林业教育合作可利用相互间的比较优势，实现优势互补。随着中国林业科学的国际影响力提升，中国林业教育的吸引力逐渐增大，中东欧国家教师、学者来中交流与合作的意愿更加强烈。

（二）劣势（weakness）

（1）中国林业相关专业招生规模萎缩，储备人才不足

自我国施行高校扩招政策以来，各大高校招生规模逐步扩张，高校入学率迅速上升。但考生选择报考的热门专业主要集中在金融、计算机、机械等专业，而传统的涉农、涉林专业则遇冷，农林院校相对其他类型高校也缺乏竞争力。究其原因，一方面是林业专业人才市场化需求不足，高校培养的林业人才与市场需求对接错位；另一方面也从侧面反映涉农、涉林专业的毕业生就业渠道狭窄，工资待遇低下，相关专业招生遇冷可想而知。林学相关专业招生的规模萎缩，影响了我国林业专业人才储备，不利于中国林业国际合作的开展。此外，中东欧国家涉及多个不同的语种，当前国内设有中东欧国家小语种的院校数量有限，语言人才储备不足也影响了中国与中东欧国家合作中的沟通、文化理解、商业谈判等，不利于合作的顺利开展。

（2）中国与中东欧国家的林业法规及技术标准存在差异

自中国与中东欧国家林业合作协调机制建立以来，中东欧国家已成为中国林产品贸易的重要合作伙伴。2016—2019年，中国与中东欧国家林产品贸易总额从13.7亿美元增长到24亿美元，年均增长20.5%（祝远虹，2016）。尽管中国与中东欧国家的林产品的供需匹配程度很高，双方贸易潜力很大，但中国与中东欧国家在森林采伐政策、森林认证制度、木材质量标准、可持续经营标准和技术规范等方面仍存在较大的差异，这些差异一定程度上制约了中国与中东欧国家林业合作的深化。

（三）机遇（opportunities）

（1）共建绿色“一带一路”倡议契机

中国倡导建设的“一带一路”是对古代文明的传承，也是中国

实现经济社会发展的必然选择。通过“一带一路”的纽带作用，将欧亚大陆不同政治经济体制、不同发展阶段、不同资源禀赋、不同文明的国家联通在一起，既可以加强国家间经济协调，又可以促进欧亚大陆经济社会健康发展。中东欧国家都分布在“一带一路”沿线，是中国对外合作的主要对象和重要区域。“一带一路”建设上升为国家战略为中国与中东欧国家合作机制注入了新的活力，提供了新的契机。2021年6月23日，在“一带一路”亚太区域国际合作高级别会议期间，与会各国共同发起“一带一路”绿色发展伙伴关系倡议。倡议再次强调“人类只有一个地球，保护生态环境是各国的共同责任。各国需要齐心协力，共同促进绿色、低碳、可持续发展”。中国与中东欧国家林业合作可通过保护森林、湿地、水资源和野生动植物栖息地，维护生态平衡，减少生物多样性丧失，来为共建绿色“一带一路”贡献力量。

（2）中国政府高度重视中国—中东欧国家林业合作

2021年6月2日，第三次中国—中东欧国家林业合作高级别会议在北京召开，会议通过了《中国—中东欧国家关于林业生物经济合作的北京声明》。该声明指出，中国与中东欧国家在森林资源管理、木材加工、木结构建筑等领域各有特点和优势，在林业生物经济各领域的合作具有巨大潜力。各国承诺，将充分发挥中国—中东欧国家林业合作协调机制作用，基于自愿原则，采用加强林业主管部门政策交流，开展联合研究、创新和产品研发，促进林产品贸易与投资，加强林业教育、技能培养和技术交流，促进企业间合作等方式，推动在可持续和多功能森林经营、木材及木制品加工、生物质能源、林产化工、制浆造纸、非木质林产品、林源生物制药和森林旅游等领域加强合作，并呼吁开展强有力的跨国家、跨部门合作，包括国家林业主管部门、私营部门、非政府组织、学术机构、国际组织等，加快提升林业生物经济在国民经济和社会发展中的作用。中国—中东欧国家合作是中国—欧盟关系的重要组成部分，目前已发展成为具有重要影响力的跨区域合作平台。正如习近平主席所说，中国持续发展和开放将为世界经济复苏和增长注入强大动能，也将为中国—中东欧国家合作开辟更广阔空间。

（四）威胁（threats）

由于中东欧国家的经济体量、人口、市场潜力等方面差异的客观存在，加之美国、德国等国家也加大了对中东欧地区的关注，当前中国—中东欧国家合作机制中各方的积极性和参与度开始出现分化的趋势。中国对中东欧国家的主要优势在于经济，当前一些中东欧国家急于向中国抛出橄榄枝，其中一个重要原因是金融危机的巨大冲击及在此背景下对中国资本的需求。但中国对中东欧投资的不可替代性并非很强，双方经贸合作的互补性也有所提升，合作起步阶段的相互磨合和多边互动尚需时日。在林业合作方面，一些林业发展水平较高的中东欧国家，如斯洛文尼亚、罗马尼亚等表达了在林业政策法规、森林资源保护、湿地和野生动植物保护、森林可持续经营、木材及木制品贸易、林业科研教育以及其他共同感兴趣的林业领域开展全面合作的意愿，但同时一些中东欧国家在除经贸领域之外的其他方面开展合作积极性并不高，影响了合作走深走实，双方林业合作潜力还有待挖掘。

第三节　中国—中东欧国家林业合作的策略分析

PEST分析表明　在政治上，全球和区域合作日益紧密，中国与中东欧国家在国际气候议题中相互支持、互利共赢，中国—中东欧国家林业合作平台的搭建，为各方开展林业交流与合作，创造了一个稳定的合作环境；在经济上，中国是全国第二大经济体，中东欧国家是欧洲“新兴”的经济体，各方追求经济复苏并保持高增长的同时，对国家绿色低碳可持续发展转型的需求不断增加。随着气候问题、生态环境保护议题逐渐成为国际共识，中国与中东欧国家林业领域的合作需求更加突出；在社会文化上，通过近些年的人员互通和互办文化年等活动，中国与中东欧国家在信息、文化交流方面已具备相当的基础，双方在价值观、意识形态方面的误会正逐步化解，合作前景看好；在科学技术上，中国与中东欧国家各自具有比较优势，中东欧国家承接了欧盟的技术优势，比较重视林业科学的应用与实践，但在科研投入上不足。中国虽林业科学技术发展相对滞后，但近年来科研投入大大增加，高等林业教育学科门类齐全，具备一定的“后发优势”，双方合作的空间很大。

SWOT分析表明　中国逐渐成为生态文明建设的重要参与者和引领者，中国林业的地位和话语权逐渐增强。随着中国综合国力的进一步增强，中国林业将在全球范围内具有一定的影响力和地位。但中国林业的对外合作也受到语言差异、文化差异和法律法规不同等因素的制约，阻碍了林业高质量对外合作的步伐。但近年来，共建绿色“一带一路”和政府对国际林业合作的高度重视，为中国—中东欧国家林业合作提供的重要的机遇。进一步推进中国—中东欧国家林业合作，应该针对中东欧国家的合作需求和林业发展水平的差异，有重点、有区别的选择合作伙伴，采取先易后难，以点带面的策略，逐步推进中国—中东欧国家林业合作走深走实。

综合PEST-SWOT模型的分析结果，可以发现推动中国—中东欧国家林业合作走深走实可以从实现精准合作、互认林业标准、严格把控风险、促进人文交流、巩固科研教育和完善合作机制6个方面的路径来实现。

第六章 中国—中东欧国家林业科研合作分析

当前，已有关于中东欧国家林业投资环境、林业发展现状、旅游动态竞争力、林产品贸易等方面有研究（邓楠 等，2017；李正红和吴红梅，2018；王燕琴 等，2017；熊敏 等，2017），但关于中东欧国家林业科研状况的研究不足，缺乏对双方林业研究重点领域和方向的系统性分析，这在一定程度上束缚了双方林业研究的深入合作。为推动中国与中东欧国家林业研究合作，落实中国—中东欧林业合作协调机制，有必要对中国与中东欧国家林业研究状况进行比较与分析，为双方林业研究合作提供基础信息。本章通过文献计量学方法，分析中国和中东欧国家林业研究的发展状况、研究热点、优势领域、主导机构与代表性专家等信息，为中国—中东欧国家林业合作提供新的方向与视角，为双方林业研究合作提供指导与建议。本文分析的文献数据来源于美国汤森路透公司Web of Science数据库核心合集，通过检索中国及中东欧国家在2013—2022年收录于Web of Science 数据库核心合集中的林业相关文献并进行文献计量分析。采用 Citespace 5.7.R5和VOSviewer对研究机构、国家、作者、关键词网络进行可视化分析和关键词突现分析。

第一节 中国—中东欧国家林业科研概况

文献数量和被引频次是衡量某一学科或领域研究进展的重要指标，能在一定程度上反映一个国家或地区的整体科研实力和影响力。本文对中国与中东欧国家2013—2022年林业研究领域发表的论文分析，结果表明中国与中东欧国家林业研究发表论文数量不断上升，中国增长速度快于中东欧国家。中国在2013—2022年各年间林业研究发表论文数量均高于中东欧国家发表论文数量的总和（图6-1）。

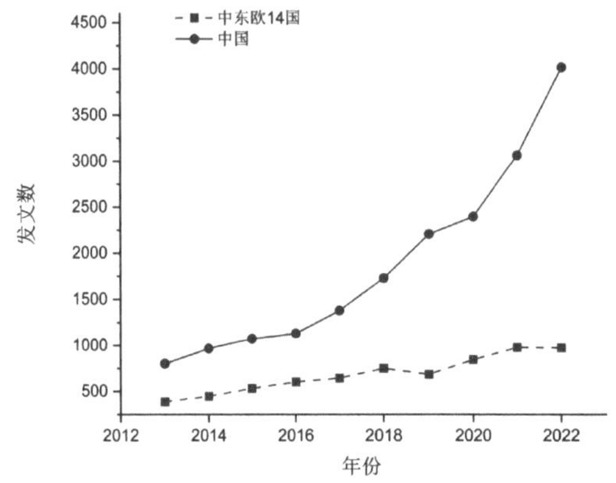

图6-1 2013—2022年中国与中东欧国家林业研究发文数量

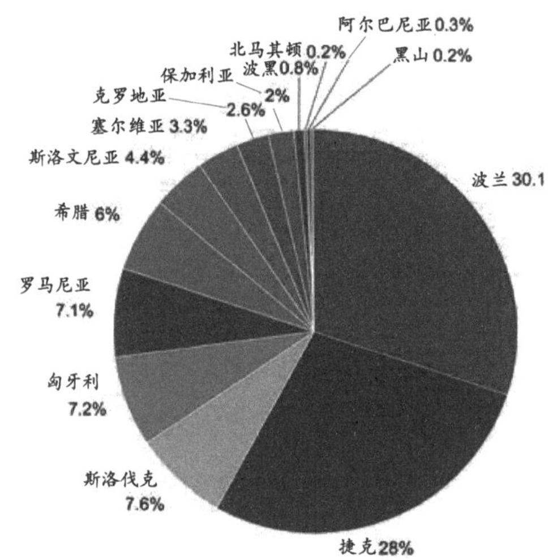

图6-2 2013—2022年中东欧国家林业研究发文量比重

中东欧国家中，波兰和捷克两个国家在林业研究领域发表论文数量上占明显优势，分别占该地区总量的30.1%和28%。如图6-2所示，斯洛伐克、匈牙利、罗马尼亚、希腊在林业研究领域发表论文分别占该地区总量的7.6%、7.2%、7.1%、6%。斯洛文尼亚、塞尔维亚、克罗地亚、保加利亚、波黑、北马其顿、阿尔巴尼亚、黑山，在林业研究领域发表论文数量占该地区总量的比重均低于5%。

在2013—2022年，中国林业研究发表论文数量达19187篇，高于中东欧国家总和（8308篇），篇均被引用频次为19.09次/篇，略低于中东欧国家平均水平（20.20次/篇）。中东欧国家中发表论文数最多的国家波兰和捷克，分别发表了2497篇和2329篇，篇均被引用频次分别为15.85次/篇和21.91次/篇。斯洛伐克、匈牙利、罗马尼亚、希腊、斯洛文尼亚、塞尔维亚、克罗地亚、保加利亚，发表论文数在100～700篇，其中保加利亚和罗马尼亚两国篇均被引用频次为24.88次/篇和24.31次/篇，分别排名本研究国家中的第一和第二。波黑、北马其顿、阿尔巴尼亚、黑山发文量最少，十年累计发文量均低于100篇（表6-1）。

表6-1 2013—2022年中国与中东欧国家林业研究发文概况

国家/地区	发文量（篇）	总被引用量（次）	篇均被引频次（次/篇）
中国（China）	19187	366280	19.09
波兰（Poland）	2497	39576	15.85
捷克（Czech）	2329	51035	21.91
斯洛伐克（Slovakia）	635	13210	20.80
匈牙利（Hungary）	601	14489	24.11
罗马尼亚（Romania）	589	14319	24.31
希腊（Greece）	497	11336	22.81
斯洛文尼亚（Slovenia）	363	8624	23.76
塞尔维亚（Serbia）	278	5536	19.91
克罗地亚（Croatia）	218	3195	14.66
保加利亚（Bulgaria）	170	4229	24.88
波黑（Bosnia and Herzegovina）	69	1308	18.96
北马其顿（North Macedonia）	18	402	22.33
阿尔巴尼亚（Albania）	25	394	15.76
黑山（Montenegro）	19	199	10.47
中东欧国家（Central and Eastern European countries）	8308	167852	20.20

通过对中国—中东欧国家林业合作关系分析，对深化双方已有合作和开展新的合作关系提供参考。本研究采用VOSviewer可视化软件绘出2013—2022年，中国—中东欧国家间林业研究领域的合作关系图。图中节点大小表示该国家在林业研究领域发表论文的数量，连接线的粗细反映了各国之间合作的紧密度。其中，中国与波兰、捷克在林业领域的合作关系最为紧密（图6-3）。

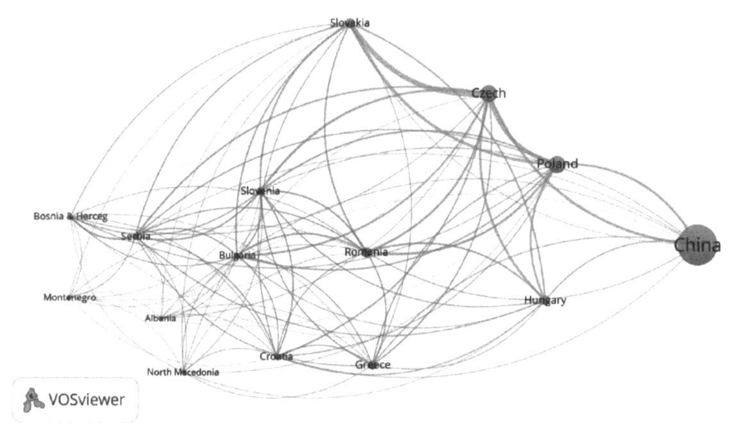

图6-3 2013—2022年中国与中东欧国家林业研究合作网

第二节 中国—中东欧国家林业研究机构分析

中国—中东欧国家林业研究合作在中国—中东欧国家林业合作协调机制的基础上继续深化合作。了解中国与中东欧国家研究机构间已有的研究关系，在已建立的合作基础上深化合作，是推动双方林业研究合作的重要途径。本研究采用VOSviewer可视化软件分析2013—2022年，中国和中东欧国家研究机构之间的合作关系图。图中节点大小表示该机构的发文量，连接线的粗细反映了合作的紧密度。在2013—2022年，波兰科学院、捷克科学院、马萨里克大学等中东欧国家科研单位均与中国科研单位有合作关系，其主要合作单位有中国科学院、中国科学院大学等（图6-4）。

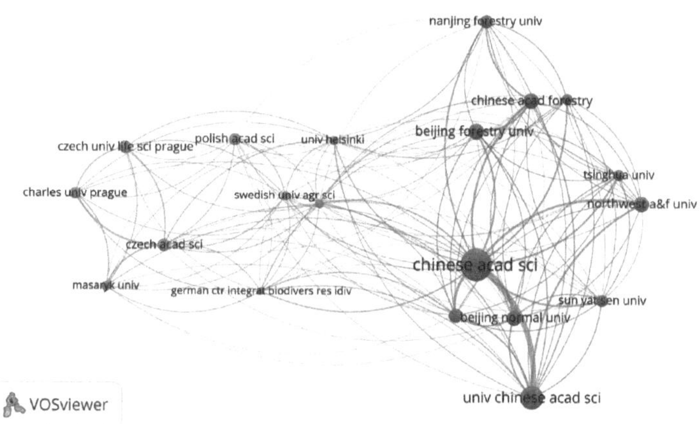

图6-4 2013—2022年中国与中东欧国家林业科研机构合作网

统计2013—2022年中国林业研究领域发表论文数量前十的机构，以了解中国与中东欧国家林业研究合作中占主导的中方研究机构。其中，中国科学院和中国科学院大学在林业研究领域发表论文的数量位居前两位，它们的发文量分别占中国林业研究领域发文总量的40.29%和16.46%，发文量分别为7731篇和3159篇，远高于排名第三的北京林业大学（1025篇）（表6-2）。

表6-2 2013—2022年中国林业研究机构发文量前10机构

研究机构	发文量	占比（%）
中国科学院（Chinese Academy of Sciences）	7731	40.29
中国科学院大学（University Chinese Academy of Sciences）	3159	16.46
北京林业大学（Beijing Forestry University）	1025	5.34
中国林业科学研究院（Chinese Academy of Forestry）	1000	5.21
西北农林科技大学（Northwest A&F University）	977	5.09
北京师范大学（Beijing Normal University）	899	4.69
北京大学（Peking University）	763	3.98
中山大学（Sun Yat Sen University）	485	2.53
南京大学（Nanjing University）	383	2.00
清华大学（Tsinghua University）	378	1.97

发表论文数量在一定程度上反映了研究机构的科研实力。统计中东欧国家2013—2022年林业研究领域发表论文数量前十的机构，

了解中东欧国家林业研究中占主导的研究机构，为中国—中东欧国家林业研究的合作寻找潜在合作目标。中东欧国家中，在林业研究领域发表论文数量前十的机构捷克有6个，斯洛伐克2个，波兰1个，斯洛文尼亚1个。发文量前三的机构分别为捷克科学院（701篇）、捷克生命科学大学（539篇）、波兰科学院（500篇）（表6-3）。

表6-3 2013—2022年中东欧国家林业研究机构发文量前10机构

研究机构	发文量（篇）	占比（%）
捷克科学院（捷克）（Czech Acad Sci）	701	8.44
捷克生命科学大学（捷克）（Czech Univ Life Sci Prague）	539	6.49
波兰科学院（波兰）（Polish Acad Sci）	500	6.02
查尔斯大学（捷克）（Charles Univ Prague）	412	4.96
布尔诺孟德尔大学（捷克）（Mendel Univ Brno）	336	4.04
南波希米亚大学（捷克）（Univ South Bohemia）	263	3.17
马萨里克大学（捷克）（Masaryk Univ）	248	2.99
兹沃伦技术大学（斯洛伐克）（Tech Univ Zvolen）	239	2.88
斯洛伐克科学院（斯洛伐克）（Slovak Acad Sci）	228	2.74
卢布尔雅那大学（斯洛文尼亚）（Ljubljana Univ）	179	2.15

第三节 中国—中东欧国家林业研究学者分析

统计中东欧国家具有代表性的专家学者，明确其所在研究机构和主要研究方向，可以为中国—中东欧国家林业研究合作进一步明确合作目标。2013—2022年中东欧国家在林业研究领域发表论文数量前十的专家中有八位来自捷克，其中六位来自捷克生命科学大学，其余两位分别来自捷克科学院和Silva Tarouca研究所。一位来自波兰的华沙大学，一位来自斯洛文尼亚的卢布尔雅那大学。发文量前十的作者中，排名前三的分别是捷克生命科学大学学者Miroslav Svoboda，发表论文79篇，主要研究方向为森林生态学、生物多样化保护；捷克科学院学者Petr Baldrian，发表论文74篇，主要研究方向为土壤微生物学；Silva Tarouca研究所学者Pavel Samonil，发表论文43篇，主要研究方向为森林动态、干扰生态学。中东欧国家在林业研究领域发表论文数量前十的专家，主要研究领域是森林生态学（表6-4）。

表6-4 2013—2022年中东欧国家林业研究发文量前十作者

作者	发文量	所在机构（所属国家）	主要研究方向
Miroslav Svoboda	79	捷克生命科学大学（捷克）	森林生态学、生物多样性与保护
Petr Baldrian	74	捷克科学院（捷克）	土壤微生物学
Pavel Samonil	43	Silva Tarouca研究所（捷克）	森林动态、干扰生态学
Stanislav Vacek	41	捷克生命科学大学（捷克）	土壤生态学
Zdenek Vacek	41	捷克生命科学大学（捷克）	寄生虫生物学
Bogdan Jaroszewicz	38	华沙大学（波兰）	森林生态学、生物多样性与保护
Pavel Janda	32	捷克生命科学大学（捷克）	森林生态学、森林管理
Radek Bace	32	捷克生命科学大学（捷克）	森林生态学、树木生态学
Martin Mikolas	31	捷克生命科学大学（捷克）	保护生物学、物种分布模型
Thomas A. Nagel	29	卢布尔雅那大学（斯洛文尼亚）	森林生态学、保护生物学

第四节 中国—中东欧国家林业研究关键词分析

关键词反映了论文的主题，通过分析关键词能够在一定程度了解学科的发展动态。本研究采用VOSviewer软件，对中国和中东欧国家林业研究关键词进行关键词聚类分析，将中国和中东欧林业研究分为三个类别。其中，气候变化、生物多样性、森林土壤是中国与中东欧国家林业研究共同关注的重点。

中国林业研究关键词（表6-5）共现图谱中，图中节点大小表示该关键词的出现频次，产生了不同聚类（图6-5）。聚类1，主要为气候变化对林业造成的影响方面的研究，高频关键词包括气候变化（climate change，频次为3280）、温度（temperature，频次为1122）、干旱（aridity，频次为781）、降水（precipitation，频次为662）等。聚类2，主要为森林土壤方面的研究，高频关键词包括碳（carbon，频次为1784）、氮（nitrogen，频次为1722）、微生物生物量（microbial biomass，频次为631）、土壤呼吸（soil respiration，频次为624）、凋落物分解（litter decomposition，频次为529）等；聚类3，主要为生物多样性和生产力方面的研究，高频关键词包括多样性（diversity，频次为1830）、格局（pattern，频次为1393）、生态多样性（ecological diversity，频次为1387）、生长（grow，频次为1285）等。

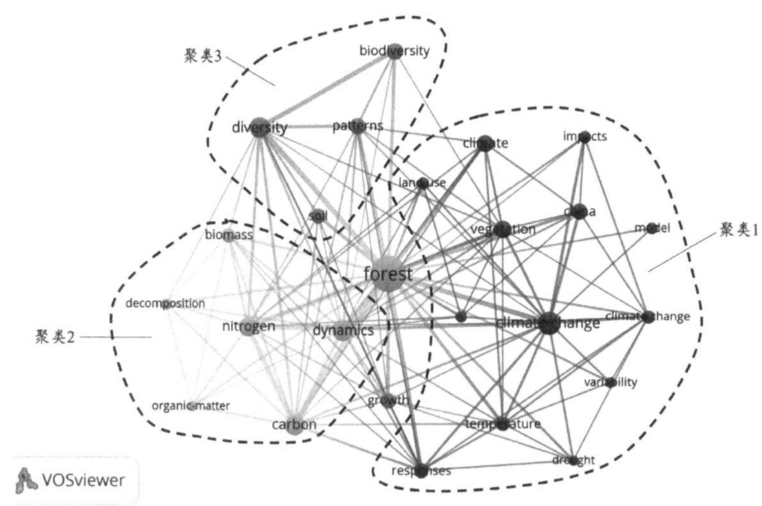

图6-5 2013—2022年中国林业研究热点分布

表6-5 2013—2022年中国林业研究高频关键词

关键词	频次	关键词	频次
森林（forest）	3830	影响（impaot）	724
气候变化（climate-change）	2202	有机碳（organic-Carbon）	706
动力学（dynamics）	1970	管理（management）	697
多样性（diversity）	1830	随机森林（random forest）	685
碳（Carbon）	1784	降水（precipitation）	662
氮（Nitrogen）	1722	水（water）	657

（续表）

关键词	频次	关键词	频次
植被（vegetation）	1449	微生物生物量（microbial biomass）	631
模式（patterns）	1393	呼吸（respiration）	624
生物多样性（biodiversity）	1387	保护（conservation）	601
气候（climate）	1385	固存（sequestration）	590
中国（China）	1348	植物（plant）	590
生长（growth）	1285	生产力（productivity）	587
土壤（soil）	1226	生态系统（ecosystems）	563
响应（responses）	1211	存储（storage）	560
生物量（biomass）	1165	分类（classification）	545
温度（temperature）	1122	凋落物分解（litter decomposition）	529
气候变化（climate change）	1078	土地利用变化（land-use change）	529
土地利用（land-use）	976	沉积物（deposition）	520
影响（impacts）	936	氮沉降（Nitrogen deposition）	509
黄土高原（loess plateau）	921	物质（matter）	498
模型（model）	874	磷（Phosphorus）	480
分解（decomposition）	829	微生物群落（microbial community）	470
变异性（variability）	793	生态系统（ecosystem）	464
有机物（organic-matter）	783	造林（afforestation）	446
干旱（drought）	781	陆地生态系统（terrestrial ecosystems）	445

中东欧国家林业研究关键词（表6-6）共现图谱中，图中节点大小表示该关键词的出现频次，产生了不同聚类（图6-6）。聚类1，主要关于生物多样性相关研究，高频关键词包括生物多样性（biodiversity，频次为1144）、多样性（diversity，频次为922）、管理（manage，频次为627）、保护（protection，频次为485）等；聚类2，主要为气候变化方面的研究，高频关键词包括气候变化（climate change，频次为765）、生长（grow，频次为526）、响应（respond，频次为303）、干旱（aridity，频次为265）等；聚类3，主要为森林土壤方面的研究，高频关键词包括动态（dynamic state，频次为548）、土壤（soil，频次为460）、碳（carbon，频次为295）、氮（nitrogen，频次为269）等。

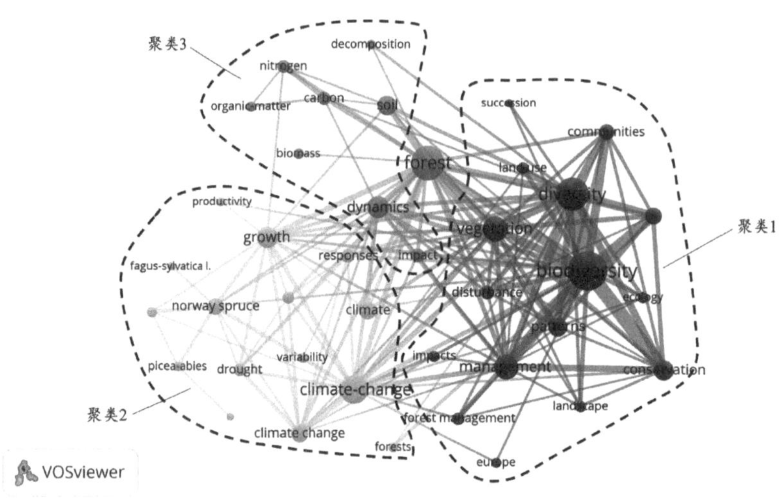

图6-6 2013—2022年中东欧国家林业研究热点分布

表6-6 2013—2022年中东欧国家林业研究高频关键词

关键词	频次	关键词	频次
生物多样性（biodiversity）	1144	影响（impacts）	235
森林（forest）	964	景观（landscape）	231
多样性（diversity）	922	生态学（ecology）	227
气候变化（climate-change）	765	欧洲赤松（*Scots pine*）	219
植被（vegetation）	637	生物量（biomass）	209
管理（management）	627	变异性（variability）	207
动力学（dynamics）	548	有机物（organic-matter）	203
生长（growth）	526	欧洲（Europe）	201
保护（conservation）	485	森林（forests）	198
土壤（soil）	460	欧洲云杉（Picea-abies）	191
模式（patterns）	445	生态系统服务（ecosystem service）	182
气候变化（climate change）	410	森林土壤（forest-soils）	181
气候（climate）	409	分解（decomposition）	180
物种丰富度（species richness）	403	生产力（productivity）	170
欧洲云杉（*Norway spruce*）	384	丰度（abundance）	168
社区（communities）	344	立木（stands）	160
影响（impact）	308	模型（model）	160

（续表）

关键词	频次	关键词	频次
响应（responses）	303	再生（regeneration）	159
干扰（disturbance）	303	生境（habitat）	156
碳（Carbon）	295	欧洲山毛榉（*Fagus sylvatica* L.）	155
氮（Nitrogen）	269	分类（classification）	153
干旱（drought）	265	演替（succession）	151
温度（temperature）	263	欧洲云杉（Picea abies）	147
森林管理（forest management）	252	历史（history）	146
土地利用（land-use）	245	水（water）	145

注：欧洲云杉在国外研究中有拉丁文、英文等多种表述。表中保留统计软件直接导出关键词的原始数据，未做合并处理。

中国与中东欧国家林业研究关键词突现分析。突现（burst）是指短时间内出现频次明显增加的关键词，突现强度越大，说明关键词增长越快。通过对突现关键词的分析，了解在一定时间内，哪些关键词受到的关注度明显增加。本研究分析了2013—2022年，中国和中东欧国家林业研究出现的突现关键词，以了解中国和中东欧国家林业研究的前沿动态（Chen，2006）。利用Citespace软件中突变检测分析方法得到中国和中东欧国家林业研究突现关键词。

中国林业研究突现关键词（表6-7），气候变化对林业造成的影响方面有二氧化碳通量（CO_2 efflux，突现强度39.85）、二氧化碳升高（elevated CO_2，突现强度24.64）、二氧化碳（CO_2，突现强度24.47）等，主要围绕气候变化对树种适应性变化、林木生长、木材生产和质量以及森林火灾等方面开展研究；森林土壤方面，土壤呼吸（soil respiration，突现强度35.01）、真菌群落（fungal community，突现强度20.37）、土壤特征（soil properties，突现强度16.81）等研究主要围绕土壤质量、养分循环、微生物活动以及其对树木生长和生态系统健康等方面的影响展开，以支持可持续林业管理和生态系统保护。生物多样性研究，涵盖生态系统多样性、物种多样性和遗传多样性，研究主要围绕生物多样性保护和生物多样性对生态系统服务功能的影响开展，突现关键词有植被恢复（vegetation restoration，突现强度17.87）、功能特征（functional traits，突现强度17.21）、死亡率（mortality，突现强度16.55）等。

中东欧国家林业研究突现关键词（表6-8）包括遥感（remote sensing，突现强度15.3）、枯死木（dead wood，突现强度14.79）、指标（indicators，突现强度8.17）等以监测森林覆盖变化、采集生态系统数据，并利用枯死木等作为生态健康的指标用来评估气候变化和人类活动对森林生态系统的影响。森林土壤动态方面主要围绕酶活性（enzyme activity，突现强度13.11）、重金属（heavy metals，突现强度7.05）等方面开展研究。中国与中东欧国家在森林生态学领域的共同研究热点包括生物多样性保护，特别是关注各自地区独特的植物和动物物种的保护，并探究生物多样性对生态系统服务功能的影响，以深入了解生态系统的稳定性和可持续性。

表6-7 2013—2022年中国林业研究关键词突现表

关键词	突现强度	起始年份	结束年份
二氧化碳通量（CO_2 efflux）	39.85	2015	2019
土壤呼吸（soil respiration）	35.01	2013	2016
内蒙古（inner Mongolia）	31.93	2017	2018
机器学习（machine learning）	31.85	2020	2022
二氧化碳升高（elevated CO_2）	24.64	2017	2020
二氧化碳（Carbon dioxide）	24.47	2013	2017
雨林（rain forest）	22.37	2013	2017
陆地生态系统（terrestrial ecosystems）	21.8	2015	2018
时间序列（time series）	21.16	2020	2022
通量（fluxes）	20.38	2013	2016
真菌群落（fungal community）	20.37	2020	2022
回归（regression）	19.05	2020	2022
二氧化碳（CO_2）	18.53	2013	2016
性状（traits）	18.31	2020	2022
植被恢复（vegetation restoration）	17.87	2020	2022
森林土壤（forest soil）	17.38	2016	2018
功能特征（functional traits）	17.21	2020	2022
土壤性质（soil properties）	16.81	2020	2022
死亡率（mortality）	16.55	2020	2022
热带森林（tropical forest）	15.71	2015	2016

注：英文中二氧化碳有简写、全拼等多种表达方式。表中保留统计软件直接导出关键词的原始数据，未做合并处理。

表6-8 2013—2022年中东欧国家林业研究关键词突现表

关键词	突现强度	起始年份	结束年份
径向增长（radial growth）	15.75	2019	2022
遥感（remote sensing）	15.3	2020	2022
树（trees）	15.29	2019	2020
枯木（dead wood）	14.79	2018	2019
北方森林（boreal forest）	14.39	2019	2020
酶活性（Enzyme activity）	13.11	2020	2022
功能多样性（functional diversity）	12.58	2020	2022
山（mountains）	10.74	2013	2014
积累（accumulation）	9.4	2018	2019
组合（assemblages）	8.58	2015	2016
国家公园（national park）	8.52	2020	2022
指标（indicators）	8.17	2020	2022
恢复（restoration）	7.51	2016	2017
生态学（ecology）	7.28	2017	2018
森林土壤（forest soil）	7.15	2017	2018
重金属（heavy metals）	7.05	2013	2015
物种多样性（species diversity）	7.04	2018	2020
森林土壤（forest soils）	6.24	2015	2016
演替（succession）	6.2	2020	2022
温带（temperate）	6.14	2016	2017

目前，全球共同面临气候变化的挑战，降水和温度的变化影响植物的生长、森林分布、森林生产力和土壤呼吸等（刘帅 等，

2021；徐雨晴 等，2020）。气候变化结合人类活动，加剧了对生态系统的影响。生物多样性丧失、森林灾害频发等一系列问题严重影响森林生态系统健康与稳定（程功 等，2015；黄睿智 等，2021；马星霞 等，2015）。关于气候变化、生物多样性、森林土壤的研究是近年来中国与中东欧国家林业研究的重点方向。

气候变化，尤其是关于干旱对植物生理生态特征，以及对生态系统碳循环的影响研究受到中国与中东欧国家学者的共同关注（Adams *et al*., 2017）。评估气候变化对森林生态系统碳、生物多样性、碳汇能力的影响（Quan *et al*., 2016; Zhou *et al*., 2017；Chen *et al*., 2016），预测气候变化对生态系统稳定的潜在威胁，以及如何合理开展森林可持续经营是林业研究的重要内容。比如异速生长模型在中国与中东欧国家林业研究中的应用，该类研究旨在通过构建异速生长模型以对生物量进行准确评估（Dumitracu *et al*., 2020；Dutca *et al*., 2020）。波兰科学院、查尔斯大学、捷克生命科学大学在应对气候变化方面开展大量研究，主要研究树种为云杉、赤松、山毛榉，研究包括气候变化对中东欧地区植被分布的影响，生物灾害预测等（Dyderski *et al*., 2018；Laura *et al*., 2018）。

气候变化与人类活动加剧生物多样性丧失，不断有研究证实生物多样性丧失会降低生态系统的功能和服务（徐炜 等，2016），生物多样性保护逐渐成为各国的迫切需要（Wagg *et al*., 2014）。在中东欧国家中，防止生物灾害对生物多样性破坏是当地的研究热点之一。例如，欧洲针叶林区，小蠹（*Ips typographus*）暴发是当地森林面临的主要威胁之一。因此，中东欧国家开展了大量的森林干扰方面的研究。捷克生命科学大学开展了大量关于小蠹的相关研究。研究包括小蠹生理生态特征（Fabryová *et al*., 2017），通过森林经营措施结合林业遥感技术，对森林病虫害暴发进行预测、监控、防治（Dobor *et al*., 2019；Klouek *et al*., 2019）。

土壤呼吸作为森林生态系统碳循环的重要环节，研究气候变化和氮沉降背景下土壤呼吸的变化是了解陆地碳循环的关键。因此，土壤呼吸对气候变化和氮沉降响应成为近年来的研究热点，大量研究围绕植物根呼吸、微生物呼吸开展（Liu *et al*., 2016; Peng, *et al*., 2017; Zang *et al*., 2016）。土壤微生物作为森林生态系统中的分解者，参与调控森林生态系统物质循环与能量流动（王小平 等，2019）。对土壤微生物的研究是了解土壤养分循环的重要部分，中东欧国家学者对微生物群落结构组成、微生物对生态系统物质循环的影响进行了大量研究，探究当地森林生态系统中微生物的群落组成以及在生态系统系统中的作用（Anslan *et al.*, 2016；Anslan *et al.*, 2018）。陆地生态系统中80%以上的植物都与菌根真菌共生，菌根对植物的养分吸收、抵御病害、适应环境胁迫等具有积极意义，因而受到广泛关注（Tedersoo *et al.*, 2019；唐金琦 等，2020）。研究表明，土壤条件和植物多样性在森林生态系统中的菌根形成和活性方面起着关键作用（Gerz *et al.*, 2016），不同类型的菌根对碳和养分循环产生差异影响（Tedersoo *et al.*, 2019）。这些发现从森林生态学的角度强调了土壤-植物-微生物相互作用的重要性，并揭示了生态系统功能的复杂性。波兰等中东欧国家，因工业生产等人为因素造成当地汞、铅等重金属污染。克拉科夫农业大学、波兰科学院等机构对重金属污染评估以及修复进行了研究（Arvay *et al.*, 2017；Barbara *et al.*, 2016；Siudek *et al.*, 2016）。

中国人工林面积大、增长快，面积位居世界第一（Chi *et al.*, 2019），而人工林的快速增长也伴随着一系列问题。长期以来关于人工林的研究是中国林业研究的重要方向之一，这是与中东欧国家的不同之处。人工林扩张伴随着生物多样性减少、地力衰退，生态效益低下等问题（Xu *et al.*, 2014；Chen *et al.*, 2017；Liu *et al.*, 2017）。如何改善人工林质量，提高生态系统可持续性是人工林研究的重点问题（Wu *et al.*, 2016；王金池 等，2021；佘萍 等，2021）。

本研究结果显示，捷克与波兰两国在中东欧国家的林业研究方面实力雄厚、研究领域广，是与中国开展林业研究合作的重要对象。波黑、北马其顿、阿尔巴尼亚、黑山主导的林业研究较少，主要参与他国主导林业研究。从研究方向上看，气候变化、生物多样性和土壤是中国与中东欧共同关注的研究方向，同时也是中国与中东欧国家潜在的林业合作方向。

通过对中东欧国家林业研究领域发表的论文分析，为中国与中东欧国家林业合作提供以下建议：中国与中东欧国家开展林业研究合作，在气候变化方面的潜在合作对象有波兰科学院（代表性专家：Babst Flurin，Jagodzinski, Andrzej）、华沙大学（代表性专家：Bogdan Jaroszewicz）、捷克生命科学大学（代表性专家：Miroslav Svoboda）；生物多样性方面的潜在合作对象有捷克生命科学大学（代表性专家：Miroslav Svoboda）、捷克科学院（代表性专家：Hedl Radim）、波兰科学院（代表性专家：Jagodzinski Andrzej，Dyderski Marcin）；土壤微生物方面的潜在合作对象有波兰科学院（代表性专家：Petr Baldrian）；土壤重金属方面研究的潜在合作对象有克拉科夫农业大学（代表性专家：Blonska, Ewa）、波兰科学院（代表性专家：Magiera Tadeusz）；病虫害防治方面的潜在合作对象有捷克生命科学大学（代表性专家：Holusa Jaroslav）。

第七章
中国—中东欧国家林产品贸易的现状与潜力分析

中国与中东欧国家林产品贸易合作是中国—中东欧国家林业合作的重要内容。中东欧国家总体上森林资源丰富，而且处于不断上升趋势，且中东欧国家中大部分国家是欧盟成员国，欧盟市场广阔，有明显的地理区位优势和合作发展潜力。在“一带一路”倡议的推动下中国与中东欧对于林业合作有强烈愿望，长期以来中国林产品贸易基本上属于单向补缺型贸易，存在出口量小、对进口产品依存度仍逐渐提高的问题（高爱芳，2010），且出口市场集中度高容易产生贸易摩擦，因此加强双方林产品贸易的研究意义非凡。据统计数据显示，2016—2019年，中国与中东欧国家林产品贸易总额从13.7亿美元增长到24亿美元，年均增长20.5%。在“一带一路”倡议下，中东欧国家正在成为中国林业合作的重要伙伴，是林业企业投资的重要目标国家。随着中国政府不断地加强中东欧国家的林业合作，总理会晤以及多项会议都在强调并要求加强与中东欧国家在教育、投资等领域的林业有关合作，因此对于中国与中东欧国家林产品贸易问题的研究逐渐成为学者和政府研究的焦点，而当前国内外文献对于中国与中东欧国家林产品贸易的研究比较少。为更好地研判中国与中东欧国家林业合作的潜力和空间，本章以中东欧国家森林资源状况为依据，通过指数测算和构建引力模型，分析中国与中东欧国家林产品贸易潜力并给出相应的政策建议。

第一节 中国—中东欧国家林产品贸易现状

（一）中国林产品进出口情况

据国家林业和草原局官方数据显示，2022年我国林业产业总产值连续保持快速增长，年产值达8.04万亿元，林产品进出口贸易额超过1800亿美元，其中木浆、原木、锯材进口和木制家具、人造板、地板出口均居世界首位，我国已成为世界林产品生产、贸易、消费第一大国。近年来，中国的林产品进口和出口数量及其变化如表7-1、表7-2所示。

表7-1 2009—2021年中国进口大于出口主要林产品进口数量

年份	原木（立方米）	锯材（立方米）	单板（立方米）	刨花板（立方米）	木片（吨）	木浆（吨）	废纸（吨）	木炭（吨）
2009	28059261	9935167	72327	446543	2766012	13578483	27501707	156678
2010	34347489	14812175	109517	539368	4631704	11299952	24352214	175518
2011	42325848	21606705	200231	547030	6565328	14354611	27279353	188697
2012	37892716	20669661	342983	540749	7580364	16380763	30067145	167655
2013	45159433	24042966	599518	586779	9157137	16781790	29236781	209273
2014	51194868	25739161	986173	577962	8850785	17893771	27518476	219758
2015	44569015	26597691	998698	638947	9818990	19791810	29283876	172780
2016	48724737	31526379	880574	903089	11569916	21019085	28498407	159338
2017	55398327	37402136	738810	1093961	11401753	23652174	25717692	170718
2018	59685466	36642861	958718	1065331	12836122	24419135	17025286	298037
2019	59229531	37051023	1244081	1036113	12564718	26226052	10362640	329338
2020	59707994	33777539	1576553	1187368	13525672	28787135	6892536	287669
2021	63574730	28841628	3456058	1131043	15619705	27215676	537542	261350

注：国家林业和草原局统计年鉴，2021。

表7-2 2009—2021年中国出口大于进口主要林产品出口数量

年份	特形材（吨）	纤维板（立方米）	胶合板（立方米）	木制品（吨）	家具（件）	纸和纸制品（吨）	松香（吨）
2009	251560	2031141	5634800	1563994	247470421	4802753	193291
2010	302159	2569456	7546940	1858712	298327198	5157993	249801
2011	254144	3291031	9572461	1876915	289157492	5997827	231148
2012	247267	3609069	10032149	1865571	286991126	6444274	167784
2013	225281	3068658	10263412	1935606	287405234	7622315	133136
2014	212089	3205530	11633086	2175183	316268837	8520484	122469
2015	176867	3014850	10766786	2269553	327246688	8358720	85322
2016	162298	2649206	11172980	2302459	332626587	9422457	58433
2017	148973	2687649	10835369	2420625	367209974	9313991	—
2018	132838	2273630	11203381	2392503	386935434	8563363	46950
2019	97267	2133683	10060581	2357129	353208468	9161090	35256
2020	78861	2028926	10385333	2376167	386551287	9053446	22754
2021	79329	3160069	12262732	2912951	451471190	9222190	22566

注：国家林业和草原局统计年鉴，2021。

（二）林产品贸易情况

国内外在按照林产品贸易品种进行的分类上还没有一个统一的规定，究其原因一是林产品拥有太多不同种类，二是各国采用不同统计口径的要求也不一样。《商品名称及编码协调制度》国际公约的44、47、48章（表7-3），规定了林产品分类及对应的HS编码；《中国林业发展报告（2015）》规定，林产品有原木、锯材（包含特形材）、单板及人造板、薪材和木炭、木制品、木片、木质家具、纸类、非木质林产品；《国际贸易标准分类》SITC编码的林产品分类有木炭、原木、人造板、锯材、木片、碎料和剩余物、木浆和回收纸、纸和纸板等类别；根据联合国粮食及农业组织（FAO）的规定，林产品又有工业用原木、人造板、木质燃料、木浆、锯材、纸及纸板、回收纸七类。

依据表7-4的数据可以看出，在2012—2022年对华林产品贸易上波兰的贸易额最高。2012年和2013年对华林产品贸易额较高的有波兰、罗马尼亚，2014—2020年对华林产品贸易额较高的有波兰、罗马尼亚、捷克、希腊，2021年和2022年对华林产品贸易额较高的有波兰、捷克、罗马尼亚、斯洛伐克、希腊。

表7-3 林产品分类及对应HS编码①（WCQ，1983）

分类名称	细分	HS编码
资源密集型林产品	原木	4403
	其他原材	4401、4402、4404、4405
	锯材	4406、4407
劳动密集型林产品	人造板	4408、4409、4410、4411、4412、4413
	木制品	4414、4415、4416、4417、4418、4419、4420、4421
	木家具	940161、940169、940330、940340、940350、940360
资本技术密集型林产品	木浆	4701、4702、4703、4704、4705、4706
	纸和纸制品	4707、48、49

表7-4 2012—2022年中国与中东欧国家林产品贸易额

单位：千万美元

国家	2012年	2013年	2014年	2015年	2016年	2017年	2018年	2019年	2020年	2021年	2022年
波兰	25.961	25.893	32.204	61.860	71.205	83.918	52.562	58.089	59.456	78.545	69.876
捷克	7.580	9.831	15.745	27.328	20.473	31.736	23.727	52.359	58.998	50.198	41.492

① 本文以HS12版本为依据将木质林产品分为8个大类，并从联合国商品贸易数据库中搜集了2012—2022年中国与中东欧国家林产品贸易数据并进行汇总算出贸易额。

（续表）

国家	2012年	2013年	2014年	2015年	2016年	2017年	2018年	2019年	2020年	2021年	2022年
罗马尼亚	18.772	25.613	26.888	48.875	47.206	57.485	30.340	32.602	32.351	40.052	40.428
斯洛伐克	3.467	3.540	5.158	9.457	6.724	7.995	4.741	5.899	6.234	16.492	10.738
希腊	8.653	9.996	12.032	23.053	28.315	28.947	13.491	13.453	11.946	15.498	20.924
斯洛文尼亚	3.801	4.605	5.282	9.246	10.137	14.452	7.408	7.785	8.206	11.972	12.747
克罗地亚	3.754	4.475	6.537	10.282	10.152	15.782	8.484	7.349	6.063	9.034	10.614
保加利亚	4.257	3.796	4.939	7.967	6.939	7.778	4.615	5.044	5.500	8.439	8.114
塞尔维亚	1.023	1.446	1.539	3.690	3.743	7.004	4.923	4.384	4.637	6.676	6.238
匈牙利	1.298	1.335	1.285	2.332	2.924	4.811	2.985	4.397	4.240	5.825	7.510
波黑	1.012	1.120	1.946	3.786	4.452	6.686	3.579	2.875	2.912	3.924	6.146
阿尔巴尼亚	1.499	1.661	1.577	3.394	3.563	3.409	1.924	2.043	1.477	1.392	1.694
北马其顿	0.168	0.178	0.219	0.413	0.347	0.236	0.243	0.231	0.206	0.224	0.145
黑山	0.241	0.235	0.211	0.430	0.587	0.469	0.284	0.314	0.224	0.191	0.263

注：数据来源联合国商品贸易数据库。

随着中国—中东欧国家合作机制建立后，林产品贸易合作稳步推进，中国与中东欧国家林产品贸易量越来越多。图7-1是2012—2022年中国与中东欧国家总贸易额的变化情况，林产品贸易额总体呈增长趋势，相比于2014年，2015年的林产品贸易额下降10.87%，2016年比2015年增加0.9%。相比2017年，2018年的林产品贸易额下降41.15%，此后逐年增加，呈上升趋势。

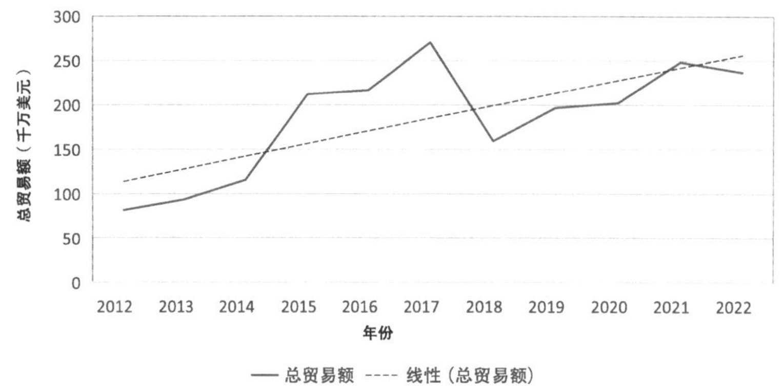

图 7-1 2012—2022年中国与中东欧国家总贸易额（联合国商品贸易数据库）

第二节 中国—中东欧国家林产品贸易潜力分析

随着共建绿色"一带一路"倡议的持续推动，中国-中东欧林业合作机制的建立为双方林产品贸易创造了新的市场空间和机遇。为提高中国木质林产品的国际竞争力，发掘双边贸易的潜力，探寻精准合作的方向与途径，本文对中国-中东欧国家林产品的贸易潜力进行分析。本研究使用贸易引力模型测算贸易潜力，选取2012-2020年的数据，林产品贸易数据源于联合国商品贸易数据库（UN Comtrade Database），各国GDP、森林租金[①]、森林面积、贸易开放度、人口数来源于世界银行网站，中国与中东欧国家的首都距离数据来源于CEPII的GeoDist数据库，原油价格来源于美国能源信息管理局（www.eia.gov），国家信誉来源于标准普尔国家信誉评级，按等级转换为数值，是否欧盟国家来源于中华人民共和国外交部网站。

引力模型由Tinbergen和Poyhonen创立（TINBERGEN J., 1962；POYHONEN P., 1963），对数化处理后式子如下：

$$\mathrm{In}F_{ij} = C_i + \alpha \mathrm{In}M_i + \beta \mathrm{In}M_j - \theta \mathrm{In}D_{ij} + \mu_{ij}$$

式中，F_{ij} 是从i国出口到j国的贸易流量，M_i 和M_j是i国和j国各

① 森林租金（占GDP的百分比），forest rents（% of GDP），森林租金是圆木砍伐量乘以均价产品和区域特定租金率，数据来源于世界银行基于《改变国富论：衡量可持续发展的新千年方法》（2011年）的数据来源和方法的预估，详见https://data.worldbank.org.cn/indicator/NY.GDP.FRST.RT.ZS

自的经济总量；D_{ij}是i国和j国两国间的地理距离；μ_{ij}是随机误差项；C_i、α、β、θ是待定模型参数。

在原始引力模型的前提下，依据引力模型的研究进行相应修改并引入森林资源、森林租金和人口数量等变量对模型进行扩展，构建出新的引力模型：

$$\text{In}F_{zjt}=\beta_0+\beta_1\text{In}\left(GDP_{zt}\times GDP_{jt}\right)+\beta_2\text{In}\left(P_{zt}\times P_{jt}\right)+\beta_3\text{In}DIS_{zjt}+\beta_4\left(R_{zt}\times R_{jt}\right)+\beta_5 TRC_{zjt}+\beta_6 FO_{zjt}+\beta_7\text{In}OPEN_{jt}+\beta_8\text{REP}+\beta_9 EUR+\mu_{zj}$$

式中，t是时间；F_{zjt} 是我国和中东欧j国林产品的贸易额，单位为美元；$\beta_0\sim\beta_7$是待定系数；GDP_{zt}和GDP_{jt}是t时期的国内生产总值，单位为2015年不变价美元；P_{zt}和P_{jt}是t时期我国和j国的人口规模，单位为人；DIS_{zjt}是两国首都之间的距离，并用原油价格做权重调整以表示距离成本，单位为公里与美元的乘积；R_{zt}和R_{jt}是t时期我国和j国的森林租金，单位为%；FO_{zjt}是t时期两国的人均森林资源差异，单位为立方米；TRC_{zjt}是我国和j国的林产品贸易成本；$OPEN_{jt}$是j国的贸易开放度单位为%；REP是国家信誉，值域3~15，缺失值取前后两年的均值；EUR是虚拟变量，表示是否为欧盟国家。

其中，距离成本借鉴蒋殿春等（2011）的方法，用双边距离和国际原油价格的乘积表示，以克服距离成本是浮动变化的因素和采用固定效应估计引力模型不能被识别的缺陷；贸易成本借鉴已有学者研究对我国和中东欧国家的贸易成本进行计算，参照师博等（2012）的方法用F_{zt}和F_{jt}表示我国和j国在t时期的所有林产品贸易额（$TRCZ_{jt}$），具体计算方式为：

$$TRC_{zjt}=1-\left[\frac{F_{zjt}^{\ 2}}{0.36\times\left(GDP_{zt}-F_{zt}\right)\left(GDP_{jt}-F_{jt}\right)}\right]^{1/14}$$

（一）林产品贸易的影响因素

本书采用随机效应模型（RE）和固定效应模型（FE）对引力模型进行分析，模型的回归结果见表7-5。可以发现两个模型的显著性都通过了，随机效应模型中多个变量不显著，而固定效应模型的所有变量除距离成本外均显著，人口规模和常数项通过了10%的显著性检验，是否欧盟国家在5%的水平下显著，国内生产总值、贸易成本、人均森林资源禀赋、贸易开放度、森林租金和国家信誉均在1%

的水平下显著，说明我们的引力模型能够较好地反映出当前我国与中东欧国家林产品贸易额的影响因素。

表 7-5 模型回归结果

变量	随机效应模型RE			固定效应模型FE		
	系数	标准差	P值	系数	标准差	*P*值
$\ln(GDP_{zt}\times GDP_{jt})$	0.247	0.171	0.148	0.513	0.148	0.001
$\ln(P_{zt}\times P_{jt})$	0.092	0.208	0.659	-0.296	0.165	0.075
$\ln DIS_{zjt}$	-0.389	0.150	0.010	-0.418	0.898	0.642
$(R_{zt}\times R_{jt})$	0.534	4.904	0.913	12.928	3.398	0.000
TRC_{zjt}	-22.265	1.994	0.000	-12.043	2.011	0.000
FO_{zjt}	0.097	0.036	0.007	0.126	0.027	0.000
$\ln OPEN_{jt}$	0.015	0.037	0.676	-2.183	0.243	0.000
REP	-0.027	0.023	0.235	0.139	0.024	0.000
EUR	0.078	0.226	0.730	0.529	0.216	0.016
C	22.057	6.423	0.001	22.084	13.150	0.096
显著性	Prob > Chi-square = 0.0000			Prob > *F* = 0.0000		
Hausman检验	Prob > Chi-square= 0.0000					

根据Hausman检验结果可知固定效应模型优于随机效应模型，因此选择固定效应模型。综上所述，我们选择固定效应模型，并得到最后的回归模型：

$$\ln F_{zjt}=22.084+0.513\times\ln(GDP_{zt}\times GDP_{jt})-0.296\times\ln(P_{zt}\times P_{jt})-0.418\times\ln DIS_{zjt}+12.928\times(R_{zt}\times R_{jt})-12.043\times TRC_{zjt}+0.126\times FO_{zjt}-2.183\times\ln OPEN_{jt}+0.139\times REP+0.529\times EUR$$

通过回归方程，可以看出国内生产总值、人均森林资源禀赋、森林租金、国家信誉和是否欧盟国家的系数是正的，而人口规模、距离成本、贸易成本和贸易开放度的系数是负的，这说明在其他条件不变的情况下，两国林产品贸易额与国内生产总值、人均森林资源禀赋、森林租金、国家信誉和是否欧盟国家的关系显示为正比，与人口规模、距离成本、贸易成本和贸易开放度的关系显示为反比。

事实上，GDP反映着一个国家的供需能力，国内生产总值越大，经济越发达，就拥有越强的供需本领，双边的贸易流就越大，因此贸易额就越大；根据资源禀赋理论，禀赋差异越大的国家，贸易额越高，人均森林资源禀赋差异越大，贸易额就越大；森林租金是圆木砍伐量乘以均价产品和区域特定租金率，用来表示一个国家林业发展的程度，林业越发达，林产品贸易额越多；国家信誉表示一个国家受认可的信用评级，分数越高，履约能力越强，与其进行贸易的潜在意愿越强，贸易额越大；是否欧盟国家表示中东欧国家是否为欧盟国家，中国与欧盟通过谈判、协商等签定了一系列有利于贸易的协定，因此欧盟国家意味着更少的贸易壁垒；人口总数反映着一国的人口规模，对我国来说，人口规模越大的国家国内劳动力也就越丰富，就越有可能具备完整的生产设备，大大提升了国内供给能力，降低进口贸易流量；距离成本中，对各国来说原油价格基本一致，影响因素主要是地理距离，地理距离越大，运输成本越高会阻碍贸易的进行，在模型中不显著的原因可能在于中东欧国家之间的距离相较于与中国的距离太小，在远洋贸易中所起的作用并不明显；贸易开放度反映一个国家对国外市场的依赖程度，结果说明，中东欧国家更依赖于国外市场与其他国家的林产品贸易额更高，与我国的林产品贸易越少，更加依赖于与周边其他国家或者其他林业大国的林产品贸易。

（二）林产品贸易的潜力

贸易潜力系数是取实际贸易值与理论贸易值的比值，系数越大表示两国之间的贸易潜力越小，系数越小表示贸易潜力越大。通过中国与样本14个国家林产品的出口额，能够预测贸易引力模型的回归结果，进而预测双方的贸易潜力。通过贸易潜力系数，将各出口对象国分为三个类别：潜力再造型、潜力开拓型、潜力较大型（万璐 等，2017）。如出现潜力系数大于1.2，则称之为潜力再造型，表明在已有条件的基础上双方贸易潜力有限，若想促进贸易接下去发展需开拓出新积极因素；如出现潜力系数为0.8～1.2，则称之为潜力开拓型，表明贸易潜力仍然存在，能够考虑进一步扩展贸易；如出现潜力系数小于0.8，则称之为潜力较大型，这表示出两国贸易具有较大潜力。在已有条件的基础上这种估算结果才成立，贸易潜力会随着新因素产生而发生变化。我们通过之前构建的回归模型的结果，探讨2020年中国和中东欧国家林产品双边、多边贸易的潜力。

根据表7-6的数据，波黑、塞尔维亚、希腊、捷克和波兰归为“潜力开拓型”国家，这显示出这些国家与我国的贸易已经初具规模，且仍有开拓潜力。黑山、北马其顿、阿尔巴尼亚、匈牙利、保加利亚、克罗地亚、斯洛文尼亚、斯洛伐克和罗马尼亚等国归为“潜力较大型”国家，我国与这九个中东欧国家的贸易开发并不完全，仍具备极大的潜力，需要排除困难，进一步加强合作，畅通双方贸易通道。

表7-6 2020年中国与中东欧各国林产品贸易潜力

国家/地区	实际值（亿美元）	模型估计值（亿美元）	潜力系数
黑山	0.022	0.058	0.389
北马其顿	0.021	0.041	0.500
阿尔巴尼亚	0.148	0.447	0.330
波黑	0.291	0.266	1.095
匈牙利	0.424	0.633	0.670
塞尔维亚	0.464	0.544	0.852
保加利亚	0.550	0.764	0.720
克罗地亚	0.606	1.732	0.350
斯洛文尼亚	0.821	1.053	0.779
希腊	1.195	1.349	0.885
斯洛伐克	0.623	0.824	0.757
罗马尼亚	3.235	5.217	0.620
捷克	5.900	5.096	1.158
波兰	5.946	6.534	0.910

（三）研究结论与政策建议

依据中国与14个中东欧国家于2012—2020年的林产品贸易数据，扩展出林产品贸易的引力模型，得出了影响林产品贸易的因素和贸易发展潜力如下：

第一，我国和中东欧各国的林产品贸易额与国内生产总值、人口总数、距离成本、人均森林资源禀赋、森林租金、贸易成本、贸易开放度、国家信誉和是否欧盟国家有显著的关系。其中，与国内生产总值、人均森林资源禀赋、森林租金、国家信誉和是否欧盟国家呈正相关关系，与人口总数、两国距离成本、贸易成本和贸易开放度呈负相关关系。

第二，我国对黑山、北马其顿、阿尔巴尼亚、匈牙利、保加利亚、克罗地亚、斯洛文尼亚、斯洛伐克和罗马尼亚的林产品贸易市场仍具有较大的潜力挖掘空间，应该更加重视与这些国家贸易市场的开拓，畅通贸易通道；而对波黑、塞尔维亚、希腊、捷克和波兰等贸易稳定的国家，要注意维持双方的贸易关系，并且注重开发新的利于贸易的因素。

综上，得出如下建议：

第一，虽然根据结论，人口规模越大，林产品在国内循环的潜力越大，对林产品贸易总额有一定的负向影响。但在现实中，中国作为全世界最大的林产品生产和贸易大国，对林木等林产品的贸易依赖度是很高的。随着我国构建国际国内双循环战略的提出，林业产业领域的合作与发展更受国家重视，要尽可能地发挥林业产业的投资价值和综合效益，积极推进供给侧结构性改革，加快传统产业转型升级，不断扩大林产品的有效供给。另外，我们还可以发挥人口的规模优势，采取扩大就业等方式，增加国内生产总值，提升供需能力，扩大双边、多边贸易流，进而将劣势翻转，在巨大的国际市场空间中保持我国在全球林产品贸易中的地位，以促进贸易的发展和贸易额的增加。

第二，贸易引力模型说明，两国首都之间的距离成本对林产品贸易存在负面影响，距离的扩大提升了运输成本。林业产业领域的合作是我国加强与中东欧甚至欧盟国际合作的重要机遇，在“一带一路”下进行林业合作，对于绿色发展的推进至关重要，不能让距离成为双边、多边林产品贸易的阻碍。因此，可以通过减少产品的流通环节，缩短流通花费的时间，改善运输环境，研发应用新的装运技术以及推进国家间商榷建设等方式来缩减贸易成本，这将对促进林产品贸易发展产生不可忽视的积极意义。

第三，我们要稳定传统市场，开发新市场。对“潜力开拓型”国家如波黑、塞尔维亚、希腊、捷克和波兰等国，要以维持贸易关系和开发新的刺激点为主，对“潜力较大型”如黑山、北马其顿、阿尔巴尼亚、匈牙利、保加利亚、克罗地亚、斯洛文尼亚、斯洛伐克和罗马尼亚等国，要以加强双方林产品贸易合作、减少贸易阻碍、畅通贸易通道为主。最终，通过稳定传统市场，开拓新兴市场来建立起多元、稳定的林产品贸易市场体系，以达到促进贸易发展的效果。

第三篇

中国—中东欧国家林业合作的前景与展望

2021年，中国—中东欧国家林业合作第三次高级别会议召开并通过《中国—中东欧国家关于林业生物经济合作的北京声明》（以下简称《北京声明》）。该声明指出，中国和中东欧国家将进一步加强林业合作协调，促进林业生物经济发展，为缓解气候变化，实现《联合国森林战略规划（2017—2030年）》全球森林目标和可持续发展目标做出贡献。中国与中东欧国家在林业资源、技术经验和政策措施等方面各自拥有独特的优势，然而林业合作也面临一系列的困境和挑战，如资源差异、政策不协调、信息不对称等问题，这些问题需要双方共同努力克服。总之，中国与中东欧国家在林业合作方面既拥有巨大的潜力和机遇，也需要克服一系列的困境与挑战。本篇基于前文分析结果，对中国与中东欧国家林业合作的前景与方向进行讨论，为建立健康稳定可持续的中国—中东欧国家合作关系提供参考。

第八章
中国—中东欧国家林业合作的挑战与对策

2020 年以来新型冠状病毒肺炎疫情席卷全球并对国际经济秩序带来了严重冲击。由疫情导致的全球经济增长放缓甚至衰退、逆全球化、贸易保护主义肆虐等一系列问题，也给中国的国际合作带来了挑战。中国与中东欧国家合作是以双边、多边关系为基础，以次区域合作为平台，以中国—欧盟为框架，以“一带一路”为总揽，通过与中东欧国家共商、共建、共享。展开务实性合作，推动形成中国—欧盟新增长的重要合作方式。近年来，中国与中东欧国家在各领域合作范围不断扩大，合作程度持续加强，逐步发展为一个全方位、宽领域、多层次的网络化次区域合作机制。

中国与中东欧各国在国家层面的合作已经经历了启动期（2011—2012年）、黄金期（2013—2017年）、深水期（2017年至今）。中国—中东欧国家林业合作也经历了类似的发展过程，随着合作的不断深入，取得了一些探索性的成绩，同样会遇到各种困难和挫折。2022年的俄乌冲突给中国—中东欧国家合作带来了不确定因素的同时，也凸显了面对粮食危机、气候变化应对等问题的合作机遇。深入分析双方合作中可能受到来自不同方面的影响，及时总结可能存在的困难和挑战，可以为下一步合作提供借鉴和指导。

第一节 新形势下中国—中东欧国家林业合作的挑战

（一）中东欧国家内部差异化加剧制约了多边合作的步伐

中东欧国家并不是一个稳定的共同体，各国在领土面积、人口数量、林草资源概况、宗教文化、经济发展等方面具有多元性和复杂性，对美国、欧洲、俄罗斯等地区性大国的依赖程度也相差明显，该地区呈现高度“破碎化”特征。

①中东欧国家的总面积为134万平方千米，国土面积最大的波兰逾31万平方千米，罗马尼亚次之，为24万平方千米；面积最小的黑山仅有1.38万平方千米。

②中东欧国家内部经济发展水平不同。据2018年统计，经济总量最大的是波兰（5857.83 亿美元），而北马其顿和黑山的经济总量甚至不足100 亿美元。

③文化和宗教信仰多元，波兰、捷克、匈牙利、克罗地亚、斯洛文尼亚等国受到基督教文明影响较大，主要信仰天主教；希腊、罗马尼亚、保加利亚、塞尔维亚、北马其顿、黑山等国信仰东正教；阿尔巴尼亚、波黑等国由于地理区位、历史发展的因素，伊斯兰教是主要宗教。伊斯兰教和基督教、天主教和东正教经常处于对立或者隔离状态，因而中东欧国家也自然成为宗教门派斗争的场所。

这种政治、地理、经济和宗教等方面的不对等性，给中国—中东欧国家合作带来了不确定性。在这样的背景下，各国与中国开展合作的诉求存在极大的差异，这种高度“分散化”的需求对中国开展对外合作增加了难度。

在合作初期，中东欧国家积极参与中国与中东欧国家林业合作，尤其是斯洛文尼亚，作为协调机制的负责国和秘书处所在国，积极引导和影响其他国家，并为初期的合作做出了积极努力。但是，中东欧各个国家国情、林业概况、社会和经济发展水平的差异，国家之间合作的优先领域也存在差别，有些国家对林业产业的合作更加感兴趣，而有些国家更热衷于非木质林产品的开发、利用和销售。不同国家的林业比较优势也存在差异，有的国家资源比较丰富，如斯洛文尼亚、塞尔维亚等，有的国家在木材加工、分子研究方面优势突出，有些在应对气候变化、发展绿色能源方面成绩突出。在不断推进中国—中东欧国家林业合作中，夯实中国—中东欧国家共性合作的基础，深入了解和认识不同国家的特色和合作优势，共同开展具有各国优势的林业合作，优化合作方式，拓展合作内容。

（二）中东欧地区大国博弈加剧为中国拓展合作空间增添阻力

21世纪第二个十年以来，世界主要大国加大对中东欧国家的关注和投入力度，大国博弈加剧。美国、以德国为代表的欧盟国家、俄罗斯在地缘安全、能源、价值观等方面，在中东欧国家有着广泛而重要的利益。欧盟在中东欧国家发挥主导作用，德国是中东欧国家最重要的经贸和政治伙伴，俄罗斯凭借能源优势和文化软实力“重返”中东欧地区，美国通过提供军事安全和能源供应深度介入中东欧地区，欧盟、德、俄、美基于各自优势占据了与中东欧国家合作的有利位置。

自2012年中国与中东欧国家合作机制成立以来，中国与中东欧国家的合作屡次受到欧盟、美国、俄罗斯等外部力量的质疑和干扰。中东欧国家在经济上高度依赖欧盟，在军事防御上高度依赖美国，在能源上高度依赖俄罗斯，欧盟、美国和俄罗斯在中东欧地区都存在高度的利益关切，欧盟担心中国与中东欧国家合作会分裂欧盟，俄罗斯则担心中国与中东欧国家的合作会影响其在能源领域的利益，美国试图全方位的围堵中国的发展以遏制中国的崛起，因而，中国在中东欧国家开展清洁能源、生物质能源、低碳技术等方面的合作都受到这三个大国的干扰，如何将合作走深走实成为摆在中国面前的棘手难题。

此外，2022年爆发的俄乌冲突，中国在外交上“不谴责俄罗斯的立场”一定程度上影响了部分中东欧国家对中国政府的态度，使中国—中东欧国家林业合作面临着考验。中东欧国家中，战争突发、难民涌入、能源和生活物资价格飞涨等形势影响着中东欧多国，在一定程度上影响了这些国家的对外合作的方向。

（三）中国与中东欧国家林产品贸易结构严重失衡

近年来，中国与中东欧国家的林产品贸易规模呈上升趋势，中东欧国家逐渐成为中国打开欧洲林产品（特别是木质家具）市场的重要桥梁。然而，当前中国与中东欧国家的贸易不平衡问题仍然突出，双方在林产品互补性方面较弱，贸易依存度较低，在贸易投资方式和经济诉求上难以达成共识。

（四）疫情的持续影响使得中东欧国家经济复苏雪上加霜

自新型冠状病毒肺炎疫情以来，包括中东欧国家在内的西方国家疫情反复，由于国情的差异，中东欧国家中大多采取了所谓的“共存”的方针。受疫情的影响，中东欧国家的经济持续下行，许多国家的负债持续攀升，经济危机、债务危机的风险剧增，经济增长乏力。

（五）林业领域的投资项目重视不够，支持资金依然较少

虽然近年中国与中东欧国家林草合作的重视程度和投入都在逐步增加， 但项目数量和资金额所占比重依然较低。其原因是多方面的：一方面，中国与中东欧国家合作是一种以双边、多边机制需求为主导，由合作的伙伴国提出的原则，而对于大部分中东欧国家而言，当前的经济发展需求显得更为急迫，在向中国提交的合作意向单中，多数为经济和社会基础设施项目，森林与生态环境保护的项目往往不会列为优先选项。另一方面，中国这种单一的项目来源渠道也使中国各部委、地方政府和民间机构不能充分参与进来，不能有效利用其在专业领域的合作资源、渠道及优势，因此急需拓宽中国与中东欧合作项目来源，丰富合作形式。

第二节 深化中国—中东欧国家林业合作的对策

（一）充分利用中国—中东欧国家林业合作协调机制，进一步深化合作意愿

2016年各成员通过的《中国—中东欧国家林业合作协调机制行动计划》，中国—中东欧国家合作协调机制在高级别会议（林业部长级会议）的指导下，由中国—中东欧国家林业合作协调机制秘书处（斯洛文尼亚农林食品部）负责中东欧国家的协调，与中国对接，在中国—中东欧国家林业合作中发挥了良好的协调作用。

加强中国—中东欧国家林业高层沟通，为深入合作提供宏观指导。充分发挥中国与中东欧国家林业部长级会议的影响和优势，积

极把握林业合作的重点方向和主要内容，向整个中东欧地区表达中方关切，达成林业合作共同目标的共识，携手中东欧国家共同应对军事冲突给粮食安全保障和应对气候变化带来的挑战。因此要进一步发挥各国协调员以及执行协调机制的作用，发挥联络人的纽带作用，促进信息沟通，推动务实合作。

（二）将中国—中东欧国家合作置于“中国—欧盟”框架下开展

在应对气候变化领域，欧盟希望与中国合作，确保其在该领域的领导地位。在气候变化、环境保护等方面，欧盟希望能够发挥全球引领作用、扩大国际影响，欧盟深知离不开与中国的协调配合，因此努力维持与中国的合作力度。2021年间，中国—欧盟开展了由部级及以上官员出席的碳排放交易政策对话、科技创新高层对话、水资源交流平台年度高层对话、第十一轮中国—欧盟高级别战略对话和两轮环境与气候高层对话等。中国—欧盟地理标志协定也在2021年正式生效。在G20（二十国集团）和《联合国气候变化框架公约》第二十六次缔约方大会背景下，欧盟更是抓紧多边场合提供的机会，和中国代表团举行会谈。2021年4月，欧盟和中国选择在同一天发布了各自绿色金融分类标准的更新，标志着中欧绿色分类标准趋同取得阶段性进展。11月，中国—欧盟借气候大会契机牵头完成了“可持续金融共同分类目录”，向世界发出了两大经济体在应对气候变化领域采取协调行动的重要信号。

（三）积极发挥信息沟通和交流的桥梁作用，加强信息共享

信息沟通交流是推动双方合作的重要方式。中国—中东欧国家林业合作网站自建立以来，已经在国家林业概况、商务合作、科学研究、新闻动态等方面发挥了重要的信息沟通作用。

在2019年新型冠状病毒肺炎疫情发生以来，网站持续跟踪中东欧国家的疫情发展动态，并积极关注中国与中东欧国家林业合作平台双语网站，实时更新并充分利用好信息资源。加强网站信息维护和管理，并向英文网站提供同步更新信息，加强中国—中东欧国家林业合作信息的搜集、交流和宣传，切实发挥信息沟通在开展科研

人员互访交流和科技成果信息共享、学术活动举办、学术论文联合发表、建立联合实验室等方面的作用，切实推动中国与中东欧国家林业科研务实、高效、共赢合作。

（四）加强林业科研教育合作的基础，积极探索推动经贸合作

科研合作和人才交流是国际合作的重要途径和手段。建立中国—中东欧国家林业科研合作，推进立足科研的中国—中东欧国家林业人才交流和能力建设合作，通过专家、学者和研究生交流，以及举办高级别合作论坛、学术研讨会等，推进中国与中东欧各国人才交流，为今后进一步推动中国—中东欧国家林业科研合作发展做好人才储备。科研项目的合作和申请包括欧盟框架下涉及气候变化、生物能源等领域的合作、科技部对外合作项目、科技例会交流项目、政府间对外合作交流项目等；人才交流合作的主要途径包括双方科研项目的资助和支持、国家留学基金对“一带一路”国家的支持、相关大学或研究机构之间可能的支持途径等。

中国—中东欧国家经贸合作示范区为服务“一带一路”建设和拓展中东欧合作的高能级服务平台。利用示范区优势，在贸易合作的基础上，充分利用森林资源管理、木材加工、木结构建筑等领域各有特点和优势，发挥在林业生物经济各领域的合作具有巨大潜力。

（五）寻找重点优势合作领域，以点带面推动全方位合作

由于不同国家在林业资源管理、科学研究水平、特色学科、林业企业投资等方面的现状各有不同，在寻找共同合作的同时，可以依据不同国家的特色和优势，分产业、领域等，在中国—中东欧国家林业合作协调机制的框架下，确定中东欧国家不同的优先合作方向。通过国家优势领域和方向的合作引导，带领其他方向和领域更多地参与到中国—中东欧国家林业合作的框架中。如根据国家区位优势、市场优势、资源优势和合作诉求，挖掘每个国家的“名、优、特”林产品，推行“一国一品”的合作策略。

以点带面，拉动双方全面合作。对于塞尔维亚、保加利亚、希腊、保加利亚等已有良好合作基础的国家，结合粮食安全以及可

再生能源的发展，为合作注入新动力；斯洛文尼亚是林业合作协调国，充分发挥斯洛文尼亚的协调带动作用，以少数带多数，以双方共同感兴趣的方面入手不断深化合作。

地方合作是中国与中东欧国家林业合作框架的重要组成部分，在务实合作领域富有活力，并具有显著的带动作用。首先夯实地方林业院校与中东欧国家高校的已有合作成果，加快教育，抓住斯洛文尼亚作为中国—中东欧国家林业合作协调国的特殊性，充分发挥其协调和引领作用；其次，在疫情发生以来与中国合作基础好的国家，开展科学研究、学术交流、协会沟通等。

推动森林可持续经营、气候变化、退化生态系统恢复、生物多样性、森林资源监测与评估等方面的研究合作，应用综合性思维，以“山水林田湖草沙”综合生态系统管理理念，推动森林的保护和可持续经营，实现中国和中东欧国家人与自然、人与人、人与社会和谐共生、良性循环，共建地球生命共同体。

第九章
中国—中东欧国家林业精准合作的主体、领域与实现路径

第一节 推进中国—中东欧国家林业合作的主体

中东欧国家是中国“一带一路”倡议向欧洲延展的重要区域支点，随着高质量共建绿色“一带一路”的推进，进一步加强中国与中东欧国家的林业合作日益受到关注，成为推动绿色发展转型和对接全球可持续发展目标的重要组成部分。中国与中东欧国家在资源管理、生态保护、技术交流等领域的合作潜力巨大，而这一合作的成功实施离不开多元化的参与主体。政府部门、市场主体、科研机构、非政府组织、地方政府以及国际组织等各类主体，各自发挥着独特的作用，形成了一个紧密相连的合作网络。通过分析这些主体的特点和合作途径，可以更好地理解中东欧国家与中国在林业领域的合作动态，以及如何有效推动这一合作向更深层次发展。

（一）政府部门

政府部门在中国—中东欧国家林业合作中发挥着至关重要作用。政府间的合作可分为中央政府和地方政府两个层次。对中央政府而言，要坚持“高层互访、务实合作”的合作特色，充分发挥中国—中东欧国家林业合作协调机制的引领作用，加强政府间互访交流，签订政府间林业合作备忘录及合作协议，制定相关的政策和法规，为林业合作提供法律框架和政策保障。同时，在国际舞台上,政府部门可借助双边和多边合作平台，增进各方的了解与信任，共同推动有林业相关的国际协定、公约的签订，对省、州等地方政府而言，加强合作也是中国—中东欧国家合作的重要补充，通过地方省州长的互动、友好城市设立等举措，完善地方合作平台机制，聚焦务实合作的重点领域，加强治理经验交流互鉴，从而为巩固双边、

多边关系，推动地方发展，促进林业领域合作走深走实提供基础支持。

（二）市场主体

市场主体是中国与中东欧国家开展投资、贸易等经济活动的主要参与者，是促进各方务实合作不可或缺的重要力量。市场主体通过在合作中引入和应用先进的林业管理与经营技术，能够促进技术转移，推动技术进步。市场主体主导的合作项目还会为当地创造新的就业机会，提供新的工作岗位，促进社会稳定和经济发展。企业通过打造品牌和开拓新市场，可以提升中东欧林产品在中国市场的知名度，同时也可以参与上下游产业链的整合，提高整体供应链的效率，增强市场竞争力。此外，一些基于市场的森林资源管理手段，如森林认证等的合作，能够推广可持续的森林资源管理和利用方式，推动中国与中东欧国家绿色发展转型。企业等市场主体可通过参与各类展会、论坛和合作项目，加强中欧间的商业交流，增进相互理解与信任，促进中国—中东欧国家林业合作的深入发展。

（三）科研机构

科研机构在中国与中东欧国家的林业合作中发挥着重要作用，他们不仅承担着科研任务，还在促进技术创新、政策制定、人才培养和国际合作等方面发挥着重要作用，为双方的可持续发展奠定了坚实的基础。科研机构通过技术研发和创新合作，共享先进的森林管理和资源利用方案，助力双方在可持续发展方面的目标实现。此外，科研机构促进知识共享与技术转移，推动中东欧国家吸收中国的林业经验和最佳实践。在政策建议、人才培养和生态监测等方面，科研机构也起到了桥梁和纽带的作用，增强了双方在应对气候变化和推动绿色经济转型中的合作潜力。通过建立国际合作平台，科研机构进一步加强了中欧在林业领域的协同合作，促进了资源的高效利用和生态环境的保护。

（四）非政府组织

非政府组织和其他民间机构，如中国绿色发展基金会、世界自然基金会等，在中国与中东欧国家的林业合作中发挥着关键作用，它们通过推动生态保护项目、倡导可持续管理政策以及促进公众参与，增强各方的合作与交流。这些组织利用其专业知识和网络资源，支持生态环境的保护，促进技术转移和经验分享，从而在提升林业管理效率、实现可持续发展目标方面起到积极的推动作用。

当前，许多非政府组织还积极参与全球应对气候变化的努力，协助林业部门在碳中和和生物多样性保护方面展开合作。例如，一些组织与地方政府合作开展植树造林项目，不仅提高了森林覆盖率，还改善了地方居民的生计条件。同时，它们也在国际层面上积极与其他国际组织合作，共同开展跨国的林业研究与项目，促进资源的共享与流动，从而为中国与中东欧国家的林业合作创造更为广泛的合作平台。

第二节　中国—中东欧国家林业合作的领域

随着共建“一带一路”转向“聚焦重点，精雕细琢”的高质量发展阶段，中国—中东欧国家林业合作正面临着新的机遇与挑战。双方可以围绕森林资源有效管理、森林可持续经营目标的实现、非木质林产品的利用等重点方向展开深入合作。特别是在应对气候变化和推动绿色发展的进程中，强化双方在森林生态服务、碳汇管理以及生物多样性保护等领域的协作，将有助于实现共同的全球可持续发展目标。同时，借助于各自的优势与资源，推动经济与环境的双重效益，也将为中东欧地区的绿色转型提供重要支持。通过明确合作重点方向，双方不仅能够提升林业合作的质量和效率，还能够在更广泛的层面上实现互利共赢。

（一）森林资源管理与可持续经营领域

中国与中东欧国家在传统森林资源管理和可持续经营领域拥有广阔的合作空间。双方可以通过共享经验和最佳实践，推动森林可持续管理技术的交流与应用，特别是在国家公园建设、生态恢复、林木培育和病虫害防治等方面。此外，中东欧国家在森林资源的多功能利用和生态旅游方面具有丰富的经验，可以为中国提供借鉴。同时，随着中国对生态文明建设和绿色发展的重视，双方可以共同探索在森林碳汇、生态补偿和社区参与管理等领域的合作，促进经济发展与环境保护的协调，推动区域内的可持续发展目标实现。通过合作，双方不仅能提升各自的森林管理能力，还能为全球森林资源的可持续利用贡献力量。

中东欧国家森林资源丰富，在森林资源管理方面积累了较为成熟的经验和技术，一些国家通过与欧盟合作，获得了资金和技术支持，推动了森林可持续经营项目的实施。近年来，中国在大规模的生态恢复项目中积累了丰富的实践经验，如退耕还林、荒漠化治理等方面形成了自己的技术体系，在植被恢复、土壤改良、水土保持等方面具有比较优势。中国与中东欧国家可以森林可持续经营、森林生态系统修复、森林综合管理方面加强交流合作和经验互鉴，可依托中国—中东欧国家林业合作协调机制，组建联合研究团队，定期举办研讨会与培训班，分享最佳实践与管理经验，进行森林可持续经营模式的研究与推广。双方还可以共同制定生态修复项目计划，明确修复目标、方法与评估标准，探索适合各自国情的生态修复技术。

（二）林业生物经济领域

发展生物经济，推动绿色低碳循环发展，是实现可持续发展的必然选择，也是国际社会的共同期待。2021年，中国与斯洛文尼亚等中东欧国家在第三次中国—中东欧国家林业合作高级别会议上通过了《中国—中东欧国家关于林业生物经济合作的北京声明》，《北京声明》指出，中国和中东欧国家将进一步加强林业合作协调，促进林业生物经济发展，为缓解气候变化，实现《联合国森林战略规划（2017—2030年）》全球森林目标和可持续发展目标作出贡献。中国与中东欧国家在林业生物经济各领域的合作具有巨大潜力。未来要充分发挥中国—中东欧国家林业合作协调机制作用，基于自愿原则，采用加强林业主管部门政策交流，开展联合研究、创新和产品研发，促进林产品贸易与投资，加强林业教育、技能培养和技术交流，促进企业间合作等方式，推动在可持续和多功能森林经营、木材及木制品加工、生物质能源、林产化工、制浆造纸、非木质林产品、林源生物制药和森林旅游等领域加强合作，并呼吁开展强有力的跨国家、跨部门合作，包括国家林业主管部门、私营部门、非政府组织、学术机构、国际组织等，加快提升林业生物经济在国民经济和社会发展中的作用。

林业生物技术产业是生物经济发展的“引擎”，相关研究包括，如何通过林业政策以促进林业生物经济发展；林业经济评估；协调林业经济与环境保护、社会发展之间的关系，促进可持续发展目标实现等。研究表明在林业生物技术方面，中国潜在合作对象有捷克生命科学大学、兹沃伦技术大学、波兰科学院、塞萨洛尼基亚里士多德大学、卢布尔雅那大学、萨格勒布大学。

加强中国与中东欧国家在林业生物经济与生物技术产业方面的合作可以通过建立合作平台、开展联合研究项目、推动技术转移与产业化、加强人才培养与交流、提供政策支持与资金投入，以及制定生态保护与可持续发展标准等措施，实现信息共享、技术创新和市场化应用，从而推动双方生物经济领域的合作走深走实。

（三）全球森林治理和应对气候变化领域

生态环境合作正成为中国—中东欧国家合作的重要领域之一。以“中国—中东欧国家合作绿色发展和环境保护年（2021）”为契机，中方提出“着眼绿色发展，打造面向未来的合作动能”，在清洁能源、林业经济发展等领域加强交流与合作。2022年2月，在以“基于自然的解决方案，助力碳中和”为主题的第二次中国—中东欧国家环保合作部长级会议上，中方再次强调愿与中东欧各国凝聚共识、携手同行，继续深入发掘合作机制潜能，推动应对气候变化与保护生物多样性协同治理，深化绿色领域务实合作。

中国与中东欧国家在全球森林治理与应对气候变化领域的合作方向主要包括：1）建立共同的政策框架，推动绿色发展与可持续森林管理；2）开展联合科研项目，分享气候变化影响评估和应对策略；3）加强技术转移与能力建设，提高森林碳汇能力；4）组织培训与交流，提升各方在森林治理和气候适应方面的能力。实现这些路径可通过建立多边合作机制、促进民间组织参与、强化政府间协商等方式，推动政策协调与资源共享，共同应对全球气候挑战。

（四）生物多样性保护领域

中国与中东欧国家在生物多样性领域的合作方向主要包括：加强物种保护与恢复计划，推动共同的生物多样性监测和评估；开展生态系统管理与恢复项目，分享最佳实践和技术；促进教育与公众意识活动，提高对生物多样性保护的认识；以及建立合作网络，鼓励科研机构与非政府组织的合作。实现路径可以通过共同研究项目、政策对话、资金支持与技术转移等方式，形成有效的合作机制，共同应对生物多样性损失带来的挑战。

中国200多种濒危野生动物和80%以上的国家重点保护野生植物获得了有效保护，绝大多数国家保护的野生动植物种群数量实现了稳中有升。截至2015年底，全国林业系统自然保护区共2228个，保护面积共1.24亿公顷，约占国土面积的12.955%，在自然保护区建设和生物多样性保护方面，尤其是珍稀濒危物种如东北虎、大熊猫的保护和繁殖方面，中国有非常丰富的经验，可以与中东欧国家开展交流合作。

（五）森林认证领域的合作森林认证标志互认领域，开展林产品投资贸易合作

当前，在中东欧国家通行两种森林认证体系，一种是北美主导的森林管理委员会（Forest Stewardship Council, FSC）；另一种是欧盟主推的森林认证体系认可计划（Programmme for the Endorsement of Forest Certification Schemes, PEFC）。截至2009年，斯洛伐克共有74%的森林面积通过了森林认证认可计划（PEFC）和森林管理委员会（FSC）的认证，其中通过PEFC认证的森林占森林总面积的64%。斯洛伐克森林认证协会（SFCS）是与PEFC对接合作的国家森林认证管理机构。2012年匈牙利有18%的森林面积每年都会进行资源监测。每年更新的森林管理计划20.5万公顷，采伐（harvesting）13万公顷，造林3.8万公顷。并且仅使用一种森林认证体系，即FSC国际可持续森林管理认证标准。

中国与中东欧国家在森林认证领域的合作可通过对接认证标

准、开展技术培训与能力建设、建立信息共享平台、以及市场推广与公众意识提升等方向，实现提升森林资源可持续管理水平的目标。这种合作不仅增强了两国在认证技术与标准方面的互信与协调，也有助于推动绿色经济的共同发展。

（六）林业经贸领域的合作

中国与中东欧国家在林业经贸领域的合作方向主要集中在以下几个方面：首先，促进木材及相关产品的贸易，通过优化贸易结构，提高双边贸易的效率和规模；其次，加强投资合作，鼓励中国企业在中东欧国家投资林业项目，推动当地林业资源的可持续利用；第三，发展林业技术交流，促进双方在林业科研、技术创新和管理经验方面的共享与合作；最后，推动绿色供应链的建立，倡导可持续发展理念，确保林产品的生态和经济效益。实现这些目标的具体路径包括：一方面，双方可通过签订自由贸易协定，降低关税和非关税壁垒，从而激励双边贸易的增长；另一方面，建立健全双边投资促进机制，为企业提供法律和政策支持，降低投资风险。此外，定期举办经贸论坛与展览，促进双方企业的对接与合作，搭建信息交流平台；同时，政府与企业之间应加强对话与协作，共同制定符合双方利益的合作战略，推动林业经济的可持续发展。通过这些措施，双方不仅可以实现资源的高效配置，还能共同应对全球环境挑战，推动林业合作的深度发展。

（七）森林食物领域

俄乌战争很有可能造成全球粮食危机，中国与中东欧国家可以在森林食品领域加强合作，挖掘森林食物作为粮食替代品的潜力，为共同应对全球粮食危机提供支持。森林能够提供木本粮油、森林蔬菜和水果等，对于保障国家粮食安全，促进联合国可持续发展目标（SDG1：消除饥饿）具有积极作用。森林食物因其重要作用和巨大潜能，受到中国及中东欧各国的共同关注。森林食物潜能的评估，支持木本粮油等产业的政策研究是该研究领域的重要方向。在森林食物领域中国潜在合作对象有捷克生命科学大学、波兰科学院、布尔诺孟德尔大学、卢布尔雅那大学、塔尔图大学。

中国与中东欧国家在森林食品领域的合作方向主要包括以下几个方面：首先，推动森林食品的生产和加工合作；其次，加强森林食品的贸易，促进双边市场的开拓，提升森林食品的品牌价值；第三，开展技术交流与研发合作，提升森林食品的质量与安全标准；最后，推动生态旅游与森林食品相结合，发展森林生态旅游，吸引游客体验森林食品文化。

实现这些目标的具体路径包括：一方面，双方可通过建立产业联盟，促进企业间的合作，分享市场信息与资源；另一方面，可以制定相关的政策支持措施，降低贸易壁垒，鼓励森林食品的跨境交易。此外，组织国际展会和博览会，展示各自的森林食品特色，促进品牌宣传与市场推广；同时，开展联合科研项目，提升森林食品的生产技术与管理水平，确保食品的安全与可持续性。通过这些措施，双方不仅能够实现资源共享，还能推动森林食品产业的高质量发展，满足消费者对健康和生态食品的需求。

第三节 推进中国—中东欧国家林业合作的实现路径

（一）完善合作机制，推进中国与中东欧国家林业“精准合作”

在已有的多边和双边合作机制和平台框架下，以“政府搭台、科研机构和企业参与”的市场化运作原则，积极动员和协调资源，鼓励中国与中东欧国家各方科研机构、企业和实体以各种方式参与合作示范区建设。建议在“开放式合作平台”的引导下，中国和中东欧国家共同建立具体的工作机制，从政策、资金、人员等方面给予支持，从规划做起，共同推动双向林业和生态修复项目的投资。同时，加强统筹规划，基于各自的比较优势和特色，选择重点合作项目作为突破口，依托合作示范区积极开展各类投资项目，交流发展经验。

根据中东欧国家多样化的特点，对国家进行精准定位、精细分类，深入分析每个国家的产品优势，以及区位优势、市场优势、资源优势和合作诉求，挖掘每个国家最具特色的“名、优、特”林产品，推行“一国一品”的合作策略，从精细上下功夫。对每个国家围绕 1~2个重点林产品进行突破，在检验检疫、贸易便利化、市场推介宣传等方面集中发力。在中国与中东欧国家合作框架下，推动林业生产大省、贸易大省与中东欧国家建立多层次的合作机制。

（二）促进森林产品标志互认，扩大林产品贸易规模

中国与中东欧国家林产品贸易结构单一，品种有待丰富。目前，中国从中东欧国家进口的产品主要集中在捷克、波兰等国的汽车、机械制品，同时出口机电产品。从中东欧国家进口木材及木制品的规模不大，同时家具等木制品的出口业有限，贸易结构单一导致双方贸易并不稳定。未来双方可以进一步加强PEFC和CFCC木材认证机制，通过切实有效的合作共同推进森林可持续经营，并优化林产品贸易结构，积极推动中东欧国家林木企业参加中国林产品博览会，宣传木竹、家具、纸板等优势产品，丰富双方贸易的林产品种类，带动贸易结构优化和规模扩大。

（三）密切关注地区政治经济社会局势变化，加强林业投资风险把控

中东欧国家贸易进出口额整体比较稳定，中国对中东欧国家的投资流量和投资增速，以及中东欧国家对中国的投资流量和投资速度都呈现出逐年上升的趋势；投资整体环境较稳定的国家包括捷克、斯洛文尼亚，其次是斯洛伐克、波兰。

林业产业项目具有前期投资金额大、资金回收周期长、经营外部性强等特点，且容易受到投资当地的政治局势、市场环境和自然灾害等外部因素的影响，具有较大的不确定性。本研究分析结果表明，中东欧国家投资环境不同国家之间存在差异，捷克、斯洛文尼亚整体评价较高，投资环境较好，在其他条件没有显著差别的情况下，建议优先选择这些国家开展林业投资和合作，规避投资风险，保障投资稳定、健康。

（四）借力数字经济发展优势，促进人文交流合作

中东欧国家地理位置优越，位于欧亚大陆连接地带，随着公路、铁路等基础设施建设的逐渐完善，该地区将成为欧洲铁路交通网的枢纽，是国际油气管道的重要途径国，更是“一带一路”倡议中建设贯通欧亚的交通大动脉的必经之路。中国可以依托国内高速发展的电子商务优势，加强与中东欧国家的政府部门、物流公司、电子商务企业的合作交流，同时鼓励国内电商企业，利用中东欧国家的区位优势，积极参与搭建林产品电子商务合作平台，促进双方林草产品的电商贸易。

中国与中东欧人才市场应该包括语言人才和专业人才两类。从语言人才的角度看，中东欧地区的语言丰富多样，随着“一带一路”倡议的推进，成为一个核心人才稀缺的领域。通过开设中东欧小语种专业及兴趣爱好班等建设，提高中国居民学习中东欧语言的热情；中东欧地区孔子学院和孔子课堂的兴盛，也带动着越来越多的中东欧居民学习中文的热情。从专业人才的角度看，可通过建立人才培训基地，开展林业科研人才培养计划，构建中国与中东欧人才交流合作平台提高专业人才的素质。

（五）巩固科研教育合作成果，深化林业科技合作层次

通过文献计量学研究，从体量上来讲，波兰、捷克、斯洛伐克、罗马尼亚等国家，中东欧国家在林业研究方面的论文发表数量具有优势，这四个国家林业论文的发表总量占到中东欧国家所有论文发表数量的64%。一方面说明这些国家重视林业科研，另一方面国家的科研实力和基础比较雄厚；从研究影响力来讲，匈牙利、希腊、斯洛文尼亚文章的被引频次较高，说明文章在行业的影响力比较强。

进一步巩固中国与中东欧国家林业科研教育合作的成果，围绕各方林草科研的优势和特色，在中国与中东欧国家合作平台的统一协调下，大力支持林草科研机构、专家和科研人员开展合作交流，通过人员互访、专业培训、学术研讨等方式，确定一批双方感兴趣的研究课题和项目，通过建立联合实验室、联合研究中心等方式开展联合科技攻关，实现协同创新。

同时加强跨区域的“产、学、研”合作，将科技合作的领域从种苗、经营技术、木材加工等方面逐步拓展到生物多样性保护、林业生物经济、低碳技术、生态产品价值实现等领域，通过定期的项目评估，推进务实合作，不断总结经验，使之成为中国与中东欧合作的靓丽的“绿色”名片。

教育合作在国际合作中扮演重要角色，不仅有助于不同国家和文化之间相互了解、相互尊重，消除刻板印象、打破偏见，还有利于知识和技术的跨国传递，共同寻找国际性问题的解决方案。中国—中东欧国家的民间合作处于初级阶段，有很大的发展空间，而且这些国家的林业协会组成比较丰富，因此中国—中东欧国家民间合作空间大，具有很大的合作潜力，是沟通和深化中国—中东欧国家林业合作的重要补充。

（六）建立中国与中东欧国家合作争端解决机制与平台

从长期来看，中国与中东欧还可尝试构建中国—中东欧国家投资合作争端解决机制平台（机构）。当前，中国与中东欧国家合作的协调平台或机构主要由设在中国外交部，由中国—中东欧国家合作秘书处承担，中东欧各国任命各自的国家协调员负责与秘书处的协调，共同推进中国与中东欧国家合作，但尚未有专业性的投资和贸易争端解决机构。伴随双方合作的不断深入，中国可借鉴北美自由贸易协定的经验，同中东欧国家平等协商以共建公平公正、专业高效、透明便利的区域性协调平台（机构），专门解决可能发生的各类投资争端，推动中国与中东欧双边、多边投资合作迈向新台阶。

参考文献

陈峰，赵立新，张丽，2021.定性综合评价方法在创新评估中的应用——以层次分析法和模糊综合评价方法为例[J]. 今日科苑 （8）：77-85.

程功，吕全，冯益明，等，2015. 气候变化背景下松材线虫在中国分布的时空变化预测 [J]. 林业科学，51（6）：119-126.

邓楠，雷静品，肖琼，等，2017.中东欧十六国林业投资环境比较分析[J].北京林业大学学报（社会科学版），16（2）：76-81.

高爱芳，2010.中国林产品出口影响因素研究[D].南京:南京林业大学.

耿利敏，沈文星，2020.全球林产品空间结构与比较优势的动态演变——兼论我国林产品比较优势培育目标的选择[J]. 林业科学，56（11）：187-197.

顾仲阳，2023. 我国将建国家储备林3600万亩以上[N]. 人民日报，2023-3-21 （15）.

国家林业和草原局，2021，中国林业和草原统计年鉴2021[M]. 北京：中国林业出版社.

黄睿智，于涛，赵辉，等，2021. 气候变化背景下濒危植物梓叶槭在中国适生分布区预测 [J]. 北京林业大学学报，43（5）：33-43.

江泽平，雷静品，等，2020. 中东欧国家林业概况[M]. 北京：中国林业出版社.

姜率，2022.基于主成分分析法的"一带一路"沿线国家经济发展水平评价[J].中国集体经济（4）:13-15.

焦玉海，2016.建立中国—中东欧国家林业合作协调机制开启丝绸之路经济带林业西进欧洲新篇章[N].中国绿色时报，2016-7-18（1）.

雷静品，王艳娜，黄金莲，2021.中国—中东欧国家林业合作回顾与展望[J].南京林业大学学报（人文社会科学版），21（5）:77-85.

李晓丽，吴威，刘玮辰,2020.基于国际公路运输链的"一带一路"区域公路通达性分析[J].地理研究，39（11）: 2552- 2567.

李宇，郑吉，金雪婷，等，2016."一带一路"投资环境综合评估及对策[J].中国科学院院刊，31（6）:671-677.

李正红，吴红梅，2018.中国与海上丝绸之路国家木质林产品进口贸易效率研究[J].北京林业大学学报（社会科学版），17（1）:59-65.

刘帅，李建军，卿东升，等，2021. 气候敏感的青冈栎单木胸径生长模型 [J]. 林业科学，57（1）: 95-104.

刘夏冰，任芳容，2023.基于主成分分析法的江苏省林产品贸易竞争力研究[J].中国林业经济（2）:73-79.

刘作奎，2020.中国—中东欧国家合作的发展历程与前景[J].当代世界（4）: 4-9.

吕鑫，顾志荣，祁梅，等，2022.基于39项指标建立不同产地锁阳综合质量评价的模糊综合评价法模型[J]. 中国中医药信息杂志，29（3）:7.

马贵凤，李載驰，雷仲敏，2019. "一带一路"主要能源合作国家识别及投资环境评价[J].煤炭经济研究，39（5）:45-54.

马林影，赵放，2013. 国际信用评级机构在危机中的行为分析及启示[J]. 国际贸易问题（1）:11.

马星霞，蒋明亮，王洁瑛，2015. 气候变暖对中国木材腐朽及白蚁危害区域边界的影响 [J]. 林业科学，51（11）: 83-90.

聂名华，1996.国家风险的评估方法[J]，国际金融 （8）:4-6.

冉黎琼，陈金勇，高林，等，2023.基于主成分分析和层次分析法的科技创新量化考核算法[J/OL].无线电工程:1-11 （2023-9-6）[2023-9-14] https://navi.cnki.net/knavi/journals/WXDG/detail?uniplatform=NZKPT&index=1.

人民日报，2013.中国—中东欧国家合作布加勒斯特纲要[N]. 人民日报，2013-11-28 （6）.

佘萍，曹兵，王彦辉，等,2021. 华北落叶松人工林地表处理措施对当年幼苗密度的影响 [J]. 林业科学，57（3）: 18-28.

石小亮，张颖，2015.世界林产品贸易发展格局与预测[J].经济问题探索（1）:140-150.

孙涵，马珲，张馨匀，2020.山东省投资环境的评估分析[J]. 现代商业（14）:84-85

孙群力，陈海林，2020. 我国地区营商环境的决定因素，影响效应和评价指数——基于MIMIC模型的研究[J]. 财政研究（6）:16.

孙于岚，戴永务，郑义，2019."一带一路"沿线国家木质林产品国际竞争力比较分析[J].中国林业经济（3）:23-27.

孙玉琴，苏小莉，2021."一带一路"倡议背景下我国开拓中东欧市场的策略思考[J]. 国际贸易（2）:40-48.

唐金琦，郭小城，鲁新瑜，等，2020. 外来入侵植物对本地植物菌根真菌的影响及其机制 [J]. 植物生态学报，44（11）: 1095-1112.

田俊，1999.投资环境评价方法探析[J].计划与市场（2）:47-48.

万璐，程宝栋，2017. 中国林产品贸易的亚太区域格局及发展趋势简[J]. 国际贸易（8）:8.

万璐，高利，程宝栋，2017.基于引力模型的林产品双边贸易潜力研究——以中国—中东欧沿线国家为例[J].林业经济问题，37（1）:63-67，73.

汪晶晶，马惠兰，2015. 基于"冷热"国对比法的中亚农业投资环境评价[J]. 商业经济研究（21）:3.

王燕琴，陈洁，顾亚丽，2017.中东欧地区林业发展现状及"16+1"合作前景分析[J].林业资源管理（1）:153-159.

肖伶俐，李敬，2021.中东欧国家货物贸易特征与出口比较优势分析[J]. 重庆工商大学学报: 社会科学版，38（3）:9.

熊敏，廖小平，雷静品，2017.基于WEF的中国与中东欧旅游动态竞争力分析[J].中南林业科技大学学报（社会科学版），11（2）:61-66.

徐炜，马志远，井新，等，2016. 生物多样性与生态系统多功能性:进展与展望 [J]. 生物多样性，24（1）: 55-71.

徐雨晴，肖风劲，於琍，2020. 中国森林生态系统净初级生产力时空分布及其对气候变化的响应研究综述 [J]. 生态学报，40（14）: 4710-4723.

严冰，2023.全国林业产业年产值超8万亿元 [EB/OL]. 人民日报海外版（2023-9-9）[2023-9-9]https://paper.people.com.cn/rmrbhwb/html/2023-09/09/node_866.htm.

燕春蓉, 2019."一带一路"倡议下中国与中东欧的贸易发展研究——基于产品的贸易竞争性与互补性视角[J].技术经济与管理研究（3）:113-118.

张广来, 李璐, 廖文梅, 2016. 基于主成分分析法的中国林业产业竞争力水平评价[J]. 浙江农林大学学报, 33（6）: 1078-1084.

中国绿色时报, 2017.林业高等教育服务"一带一路"战略大有可为.[N]. 中国绿色时报, 2017-5-12（3）.

祝远虹, 2016. 张建龙握手"16+1务林人" 首次中国—中东欧国家高级别林业合作会议在斯洛文尼亚召开 [J]. 中国林业产业（6）: 6-7.

ADAMS H D, ZEPPEL M J B, ANDEREGG W R L, *et al.*, 2017.A multi-species synthesis of physiological mechanisms in drought-induced tree mortality [J]. Nature Ecology and Evolution, 1（9）: 1285-1291.

ANSLAN S, BAHRAM M, TEDERSOO L, 2018. Seasonal and annual variation in fungal communities associated with epigeic springtails（Collembola spp.） in boreal forests [J]. Soil Biology and Biochemistry, 116: 245-252.

ANSLAN S, BAHRAM M, TEDERSOO L,2016. Temporal changes in fungal communities associated with guts and appendages of Collembola as based on culturing and high-throughput sequencing [J]. Soil Biology and Biochemistry, 96: 152-159.

ARVAY J, DEMKOVA L, HAUPTVOGL M, *et al.*, 2017.Assessment of environmental and health risks in former polymetallic ore mining and smelting area, Slovakia: Spatial distribution and accumulation of mercury in four different ecosystems [J]. Ecotoxicology and Environmental Safety, 144: 236-244.

BARBARA G, WOJCIECH D, EUGENIUSZ K, *et al*, 2016. impact of the municipal solid waste Łubna landfill on environmental pollution by heavy metals [J]. water, 8（10）: 470-485.

BUTAEV J,OCHILOV B,TAKHUMOVA OV, et.al,2021. The role of the investment environment in attracting foreign investment[J]. Asian Journal of Multidimensional Research, 10（5）:2278-4853.

CHEN C F, LIU W J, JIANG X J, *et al*, 2017.Effects of rubber-based agroforestry systems on soil aggregation and associated soil organic carbon: Implications for land use [J]. Geoderma, 299: 13-24.

CHEN C, 2006. CiteSpace II: Detecting and visualizing emerging trends and transient patterns in scientific literature[J].Journal of the American Society for Information Science and Technology, 57（3）:359-377.

CHEN G, CHEN B, YU D, *et al.*, 2016.Soil greenhouse gas emissions reduce the contribution of mangrove plants to the atmospheric cooling effect [J]. Environmental Research Letters,11（12）: 124019.

CHI C, PARK T, WANG X, *et al.*, 2019. China and India lead in greening of the world through land-use management [J]. Nature Sustainability, 2:122-129.

DOBOR L, HLÁSNY T, RAMMER W, *et al.*, 2019 .Is salvage logging effectively dampening bark beetle outbreaks and preserving forest carbon stocks? [J]. Journal of Applied Ecology, 57:1365-2664.

DUMITRACU M, KUCSICSA G, DUMITRIC C, *et al.*, 2020. Estimation of future changes in aboveground forest carbon stock in Romania. A prediction based on forest-cover pattern scenario [J]. Forests, 11（9）: 914.

DUTCA I, MATHER R, IORAS F,2020. Sampling trees to develop allometric biomass models: How does tree selection affect model prediction accuracy and precision? [J]. Ecological Indicators, 117: 1-12.

DYDERSKI M K, PAŹ S, FRELICH L E, *et al.*, 2018.How much does climate change threaten European forest tree species distributions? [J]. Global Change Biology, 24（3）: 150-1163.

FABRYOVÁ A, KOSTOVÍK M, DÍEZ-MÉNDEZ A, *et al.*, 2017. On the bright side of a forest pest-the metabolic potential of bark beetles' bacterial associates [J]. Science of the Total Environment, 619-620: 9-17.

FAO,2020.Global Forest Resources Assessment 2020: Main report[R].

Rome:FAO.

GERZ M, BUENO C G, ZOBEL M, *et al.*, 2016. Plant community mycorrhization in temperate forests and grasslands: relations with edaphic properties and plant diversity [J]. Journal of Vegetation ence, 27 （1）: 89-99.

KLOUEK T, KOMÁREK J, SUROV P, *et al.*, 2019. The use of UAV mounted sensors for precise detection of bark beetle infestation [J]. Remote Sensing, 11 （13）: 1561.

LAURA D, TOMÁ H, WERNER R, *et al.*, 2018. Post-disturbance recovery of forest carbon in a temperate forest landscape under climate change [J]. Agricultural and Forest Meteorology, 263: 308-322.

LI F , LIANG T , ZHANG H, 2021. Does economic policy uncertainty affect cross-border M&As? —— A data analysis based on Chinese multinational enterprises[J]. International Review of Financial Analysis,73:22-30.

LIU W J, LUO Q P, LU H J, *et al*, 2017. The effect of litter layer on controlling surface runoff and erosion in rubber plantations on tropical mountain slopes, SW China [J]. Catena, 149: 167-175.

Liu Y C, Liu S R, Wan S Q, *et al.*2016. Differential responses of soil respiration to soil warming and experimental throughfall reduction in a transitional oak forest in central China [J]. Agricultural and Forest Meteorology, 226: 186-198.

PENCEA S, OEHLERSINCAI I M, 2014. Chinese Outward Direct Investment in Central and Eastern European Countries: A Comparative Analysis[J]. Knowledge Horizons - Economics, 6:34-43.

PENG Y F, GUO D L, YANG Y H, 2017. Global patterns of root dynamics under nitrogen enrichment [J]. Global Ecology and Biogeography, 26 （1）: 102-114.

QUAN C, QIAN Z, JING L, *et al.*, 2016 .Mangrove succession enriches the sediment microbial community in South China [J]. Scientific Reports.6 （2016）27468.https://doi.org/10.1038/srep27468.

SIUDEK P, KURZYCA I, SIEPAK J, 2016. Atmospheric deposition of mercury in central Poland: Sources and seasonal trends [J]. Atmospheric Research, 170: 14-22.

TEDERSOO L, BAHRAM M, 2019. Mycorrhizal types differ in ecophysiology and alter plant nutrition and soil processes [J]. Biological Reviews, 94（5）:1857-1880.

WAGG C, BENDER S F, Widmer F, *et al.*, 2014. Soil biodiversity and soil community composition determine ecosystem multifunctionality [J]. Proceedings of the National Academy of Sciences, 111（14）: 5266-5270.

WCO,1983.The Harmonized Commodity Description and Coding System[R]New York:WCO.

WU J N, LIU W J, CHEN C F, 2016. Can intercropping with the world's three major beverage plants help improve the water use of rubber trees? [J]. Journal of Applied Ecology, 53（6）: 1787-1799.

XU J, GRUMBINE R E, BECKSCHAEFER P,2014. Landscape transformation through the use of ecological and socioeconomic indicators in Xishuangbanna, Southwest China, Mekong Region [J]. Ecological Indicators, 36: 749-756.

YANG L , BUSINESS S O , UNIVERSITY Z W, 2019. Analysis of the impact of trade facilitation in central and Eastern European countries on China's trade[J]. Logistics Sci-Tech,12:109-113.

ZANG H D, WANG J Y, KUZYAKOV Y, 2016. N fertilization decreases soil organic matter decomposition in the rhizosphere [J]. Applied Soil Ecology, 108: 47-53.

ZHOU Z, MENG H, LIU Y, *et al.*, 2017. Stratified bacterial and archaeal community in mangrove and intertidal wetland mudflats revealed by high throughput 16S rRNA gene sequencing [J]. Frontiers in Microbiology,8:2148.